मशीनिस्ट ग्राइंडर प्रथम वर्ष हिंन्दी MCQ

मनोज डोळे

डिजिटाइजेशन समय की मांग है। भविष्य में, प्रशिक्षण को अधिक सुविधाजनक और आसान बनाने के लिए ऑनलाइन इंटरनेट का उपयोग करके औद्योगिक प्रशिक्षण संस्थानों में प्रशिक्षण आयोजित करने की आवश्यकता होगी। एमसीक्यू प्रश्नों के एक सेट वाली ई-पुस्तकें प्रशिक्षुओं को उपलब्ध कराई जाएंगी क्योंकि उन्हें अपने औद्योगिक प्रशिक्षण संस्थानों में होने वाली ऑनलाइन परीक्षाओं की तैयारी के लिए बहुविकल्पीय प्रश्नों एमसीक्यू के अधिक आदी होने की आवश्यकता है।

इन सब बातों को ध्यान में रखते हुए औद्योगिक प्रशिक्षण संस्थान सतारा के प्रशिक्षक श्री मनोज मधुकर डोले ने नई वार्षिक प्रणाली और एनएसक्यूएफ-5 पाठ्यक्रम के अनुसार पुस्तकें लिखी हैं। और उन्होंने प्रशिक्षण को आसान बनाने के लिए सैद्धांतिक मोबाइल ऐप और ब्लॉग बनाए हैं, और इन सभी शैक्षिक सामग्री को विश्व प्रसिद्ध वेबसाइटों Google Play Store, Amazon और Apple Book Store पर डाउनलोड के लिए उपलब्ध कराया है।

पुस्तकों का प्रकाशन माननीय सहसंचालक श्री राजेंद्र घुमे साहेब प्रादेशिक व्यावसायिक शिक्षण व प्रशिक्षण कार्यालय, पुणे द्वारा दिनांक 9/1/2019 को किया गया, इस समय श्री प्रकाश सहगवकर साहब प्राचार्य शासकीय औद्योगिक प्रशिक्षण संस्थान औंध पुणे, श्री तुकाराम मिसाल साहेब प्राचार्य सरकार प्र. संस्था सतारा, श्री सचिन धूमल साहब जिला व्यावसायिक शिक्षा एवं प्रशिक्षण अधिकारी सतारा, श्री यतिन परगांवकर साहब प्राचार्य शासन. Q. संस्था कोल्हापुर, श्री विकास टेक साहब इंस्पेक्टर वोकेशनल एजुकेशन एंड ट्रेनिंग रीजनल ऑफिस पुणे, पालेकर फूड्स प्रोडक्ट्स प्रा. लि. सतारा के उद्यमी अध्यक्ष श्री नीलकंठराव पालेकर साहब, हीरा फूड्स के अध्यक्ष श्री इब्राहिम बाबा तंबोली साहब, श्रीमती शाल्मली पवार मुख्याध्यापिका शासकीय तकनीकी विद्यालय केंद्र सतारा सहित अन्य गणमान्य व्यक्ति इस अवसर पर उपस्थित थे।

क्रम-सूची

प्रस्तावना

मशीनिस्ट ग्राइंडर, फर्स्ट ईयर, 2022 में संशोधित एनएसक्यू एफ -5 सिलेबस के लिए एक सरल ई-बुक है। फाइलिंग, सॉइंग, ड्रिलिंग, टैपिंग, चिपिंग, ग्राइंडिंग और अलग-अलग फिट्स, खराद पर टर्निंग ऑपरेशन जैसे प्लेन, फेसिंग, बोरिंग, ग्रूविंग, स्टेप टर्निंग, पार्टिंग, चम्फरिंग जैसे बेसिक फिटिंग कवरिंग कंपोनेंट्स के बारे में नवीनतम और महत्वपूर्ण विषयों सहित सभी विषय। **मशीनिस्ट ग्राइंडर प्रथम वर्ष हिंन्दी** MCQ आईटीआई अलग-अलग पैरामीटर, माउंटिंग, बैलेंसिंग, ड्रेसिंग और ग्राइंडिंग व्हील, प्लेन और बेलनाकार सतहों को सेट करके अलग-अलग थ्रेड कटिंग। समानांतर ब्लॉक, प्लेन मैंड्रेल, सॉकेट, मोर्स टेपर, स्लीव, विभिन्न मिलिंग ऑपरेशन (प्लेन, स्टेप्ड, एंगुलर, डोवेटेल, टी-स्लॉट, कंटूर, गियर) के साथ सतह और बेलनाकार ग्राइंडिंग, टेंपर ग्राइंडिंग, एक्सेंट्रिक ग्राइंडिंग, बुश, स्क्वायर ब्लॉक , वी-ब्लॉक, एंगल प्लेट, साइड और फेस मिलिंग कटर को फिर से तेज करना और बहुत कुछ।

हम प्रत्येक नए संस्करण के साथ नए प्रश्न उत्तर जोड़ते हैं। किसी भी त्रुटि/चूक के मामले में कृपया हमें ईमेल करें। यह यकीनन सभी इंजीनियरिंग बहुविकल्पीय प्रश्नों और उत्तरों के लिए सबसे बड़ी और सर्वश्रेष्ठ ई-बुक है।

एक छात्र के रूप में आप इसे अपनी परीक्षा की तैयारी के लिए उपयोग कर सकते हैं। यह ई-पुस्तक प्रोफेसरों के लिए सामग्री को ताज़ा करने के लिए भी उपयोगी है।

भूमिका

डीजीईटी नई दिल्ली और सीएसटीएआरआई कोलकाता अगस्त 2018 सत्र से आईटीआई में सभी व्यवसायों के लिए एक वार्षिक पैटर्न लागू कर रहे हैं। परीक्षा प्रणाली में भी बदलाव किया जाएगा और यह इस साल से ऑनलाइन हो जाएगी और चूंकि सभी प्रश्न वस्तुनिष्ठ प्रकार (एमसीक्यू) के हैं, इसलिए प्रशिक्षुओं को गहन अध्ययन की सख्त जरूरत है। इसे ध्यान में रखते हुए हमें पुराने NIMI पैटर्न पर आधारित पुस्तकें और नए वार्षिक पैटर्न का संपूर्ण अवलोकन प्रस्तुत करते हुए प्रसन्नता हो रही है, और हम आशा करते हैं कि ये पुस्तकें सभी व्यावसायिक निदेशकों और प्रशिक्षुओं के लिए एक मार्गदर्शक होंगी। है।

इन पुस्तकों को लिखने के लिए आईटीआई अकलुज के प्राचार्य जोहर अवाटे साहब ने कहा। आईटीआई सतारा सहगवकर साहब के पूर्व प्राचार्य, सहायक निदेशक श्री चंद्रकांत ढेकने साहेब क्षेत्रीय व्यावसायिक शिक्षा एवं प्रशिक्षण कार्यालय, पुणे, जिला व्यावसायिक शिक्षा एवं प्रशिक्षण अधिकारी सचिन धूमल साहेब एवं प्रधानाध्यापक शासकीय तकनीकी विद्यालय केन्द्र शाल्मली पवार मैडम एवं पुत्र अधिराज डोले, माता कुसुम डोले , मैं अपने पिता मधुकर डोले और पत्नी अश्विनी डोले को समय-समय पर उनके विशेष मार्गदर्शन और सहयोग के लिए बहुत आभारी हूं।

साथ ही, बहुत ही कम समय में श्री राजेन्द्र घुमे साहेब, संयुक्त निदेशक, व्यावसायिक शिक्षा और प्रशिक्षण क्षेत्रीय कार्यालय, पुणे द्वारा पुस्तक के प्रकाशन में उनके अमूल्य समय के लिए पुस्तक की समीक्षा की गई। मैं उनकी प्रतिक्रिया के लिए हृदय से आभारी हूँ।

पुस्तक लिखने की शुरुआत से ही निरंतर समर्थन के लिए मैं आईटीआई सतारा के प्रशिक्षक का आभारी हूं।

इस पुस्तक से, मैं खुद को धन्य मानता हूं कि मैंने आपके साथ ई-लर्निंग पर अपने विचार साझा किए। मैं यह दावा नहीं करूंगा कि यह पुस्तक पूर्ण है, क्योंकि पूर्णता को देखते हुए यह पुस्तक एक प्रयास है और अपनी शैशवावस्था में है। यदि उनका परीक्षण और सुझाव दिया जाए तो वे सुधार के लिए मूल्यवान होंगे।

मनोज डोले

दिनांक 9/1/2019

पावती (स्वीकृति)

21वीं सदी में औद्योगिक क्षेत्र में तेजी से बढ़ती मांग के अनुरूप बहु-कुशल कारीगरों की आपूर्ति के लिए व्यावसायिक शिक्षा और प्रशिक्षण विभाग के माध्यम से व्यावसायिक शिक्षा और प्रशिक्षण विभाग के माध्यम से व्यावसायिक शिक्षा और प्रशिक्षण प्रदान किया जाता है। संस्थानों के भीतर सभी व्यवसाय महत्वपूर्ण हैं, क्योंकि इन व्यवसायों के प्रशिक्षु उद्योग की मांगों के अनुसार बहु-कौशल विकसित करते हैं।

सभी व्यवसायों के लिए उपयुक्त एमसीक्यू ई-पुस्तकें उपलब्ध कराने के नेक इरादे से, यह देखते हुए कि औद्योगिक क्षेत्र के सभी उद्योगों में सभी परीक्षाएं ऑनलाइन आयोजित की जाती हैं और इसमें एमसीक्यू पद्धति के प्रश्न शामिल होते हैं। श्री मनोज मधुकर डोले ने नए वार्षिक पाठ्यक्रम के अनुसार एमसीक्यू पद्धति पर एक बहुत अच्छी ई-बुक लिखी है। यह ई-पुस्तक निश्चित रूप से सभी प्रशिक्षुओं, प्रशिक्षु उम्मीदवारों, प्रशिक्षण प्रशिक्षकों और अन्य संबंधितों के लिए एक मार्गदर्शक होगी।

पुस्तक के लेखक श्री मनोज मधुकर डोले, इंस्ट्रक्टर गॉव आईटीआई सतारा को 17 साल का प्रशिक्षण अनुभव है। एक नए वार्षिक पैटर्न के रूप में लिखी गई, यह ई-बुक प्रत्येक विषय के लिए लेआउट, सरल भाषा और सरल सिंटैक्स, आरेख और वीडियो को समझने के लिए आधुनिक डिजिटल क्यूआर कोड तकनीक को शामिल करती है। इसलिए मुझे विश्वास है कि यह ई-पुस्तक निश्चित रूप से गहन अध्ययन और परीक्षा अभ्यास के लिए उपयोगी होगी। उन्होंने जो कार्य किया है वह निश्चित रूप से काबिले तारीफ है।

श्री तुकाराम मिसाल
प्राचार्य शासकीय औद्योगिक प्रशिक्षण संस्था सातारा.

आमुख

हमारे औद्योगिक प्रशिक्षण संस्थानों की औद्योगिक प्रशिक्षण और सैद्धांतिक परीक्षा प्रणाली और इन परिवर्तनों को शिल्प प्रशिक्षकों और प्रशिक्षुओं द्वारा स्वीकार किया गया है। आपके औद्योगिक प्रशिक्षण संस्थानों में आयोजित सैद्धांतिक परीक्षाएं भी ऑनलाइन आयोजित की जाती हैं। चूंकि ये परीक्षाएं बहुविकल्पीय एमसीक्यू पद्धति की हैं, इसलिए प्रशिक्षुओं को ऐसे प्रश्नों का अधिक अभ्यास करने की आवश्यकता होगी।

इन सब बातों को ध्यान में रखते हुए श्री मनोज मधुकर, निदेशक, डोले क्राफ्ट्स, कटारी औद्योगिक प्रशिक्षण संस्थान, सतारा, ने नई वार्षिक प्रणाली और NSQF-5 के अनुसार, गहन अध्ययन किया है और अपनी मेहनत से और अपनी गहरी बुद्धि को जोड़ा है। पाठ्यक्रम, कटारी और अन्य मशीन ट्रेडों की ई-बुक। -बुक) और उन्होंने प्रशिक्षण को आसान बनाने के लिए सैद्धांतिक विषयों पर मोबाइल ऐप और ब्लॉग बनाए हैं और इन सभी शैक्षिक सामग्री को विश्व प्रसिद्ध वेबसाइटों Google Play Store, Amazon और Apple Book Store पर डाउनलोड के लिए उपलब्ध कराया है। प्रिंट संस्करण बनाकर और क्यूआर कोड जैसी उन्नत तकनीकों का उपयोग करके प्रशिक्षण को आसान बना दिया गया है।

ये सभी शैक्षिक सामग्री निश्चित रूप से सभी प्रशिक्षुओं के लिए गहन अध्ययन के लिए और शिल्प प्रशिक्षकों और अन्य संबंधितों के लिए एक मार्गदर्शक होगी जो व्यावसायिक प्रशिक्षण प्रदान कर रहे हैं।

1

मशीनिस्ट ग्राइंडर प्रथम वर्ष हिंन्दी MCQ Drawing

Online Test Exam
ITI Books
CNC Course
AutoCAD CAM
JOB & Apprentice
Online Theory
Computer Course
Trading Course
Web Designing
MSCIT Course
Shopping Business
Internet Business
Remotasks Course
Online Services
Top Sportsmans
Indian Army
Freedom Fighters
Top Scientists
Social Reformers
Motivational Speaker
Top Richest People
Join WhatsApp Group
Join Facebook Group
Like Facebook Page
PAN / Adhar / Licence Passport

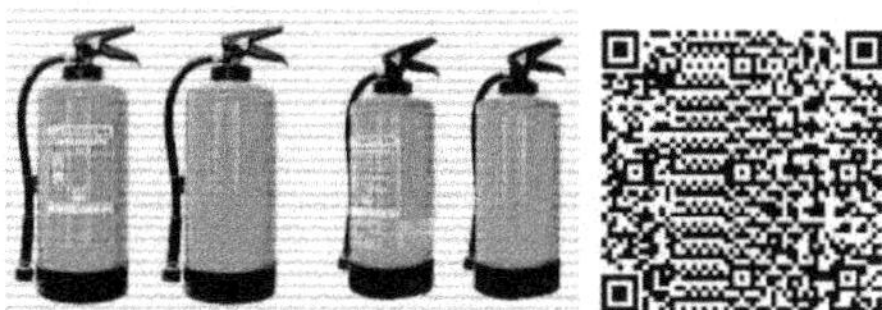

Fire extinguisher

Calliper

Hacksaw frame

Universal surface guage

Hammer

Centre punch

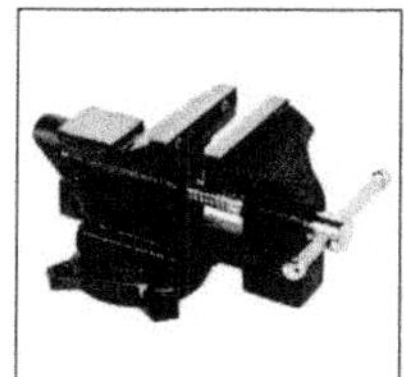

Bench vice

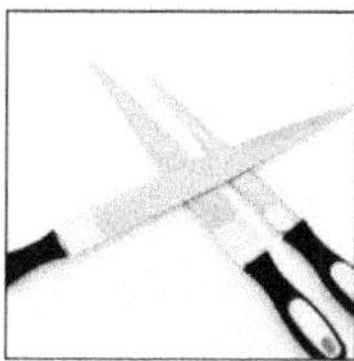

Files

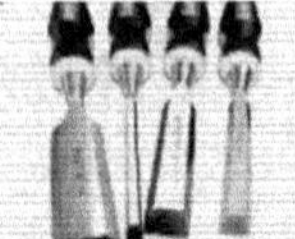

Scraper

Surface Plate

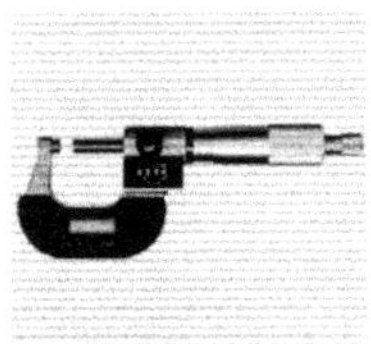

Outside Micrometer

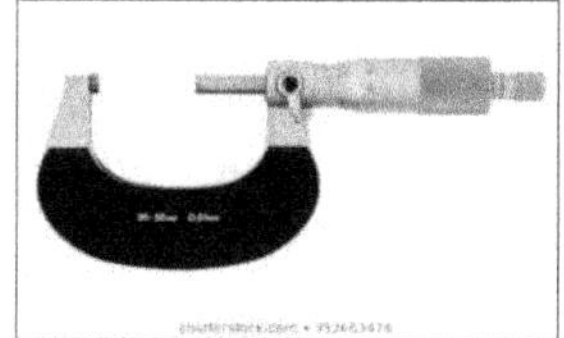

Micrometer

Depth micrometer

Vernier Calliper

Vernier bevel protractor

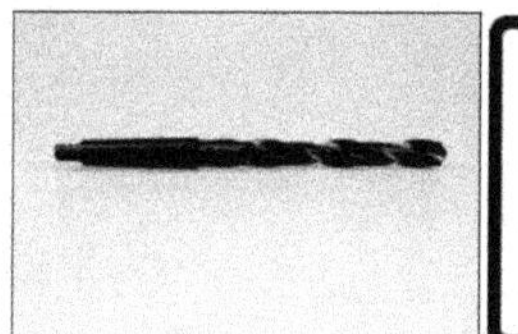

Drilling

Reamer

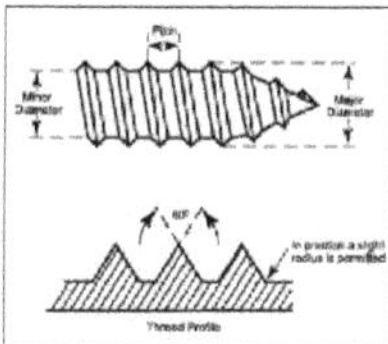

Thread

Tap Die

Grinding Wheel

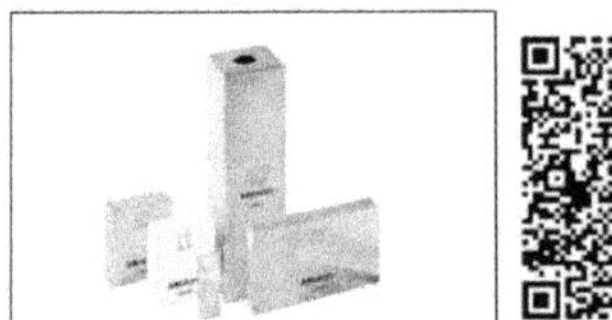 

Slip gauge

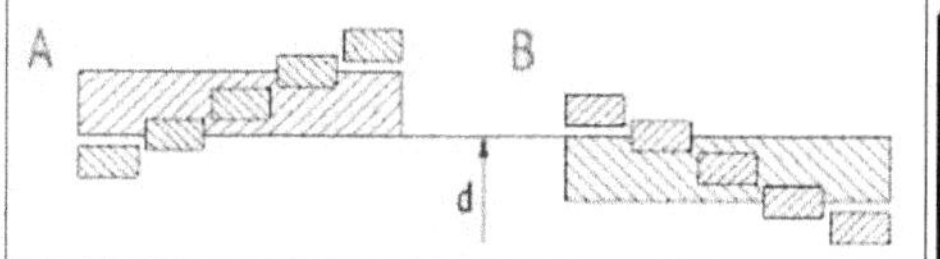

Limit fit tolerance

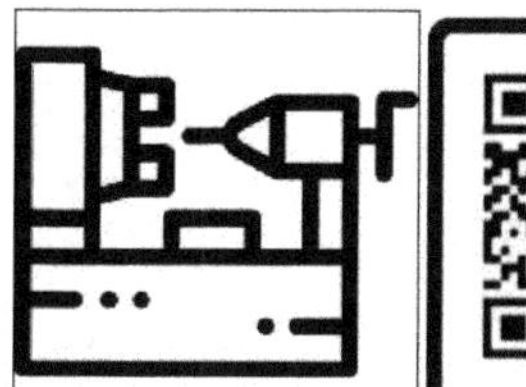

Lathe Machine

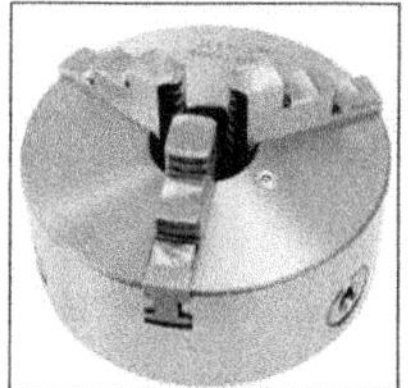

Lathe chuck

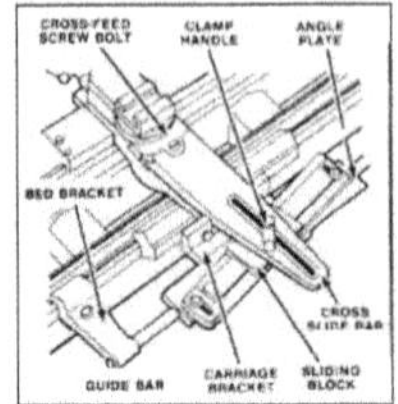

Taper turning attachment

taper ring gauge

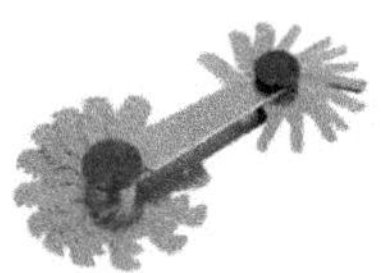

screw pitch gauge

Gear

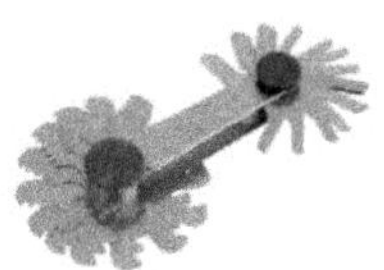

screw pitch gauge

Tap Die

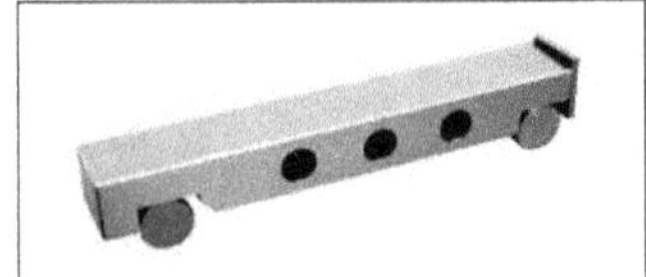

Sine bar

Slip gauge

Dial test indicator

Telescopic gauge

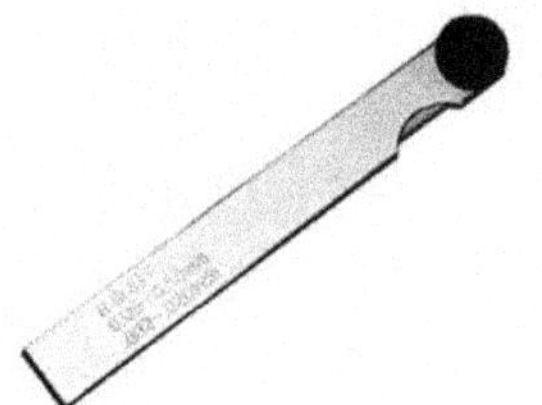

Feeler gauge

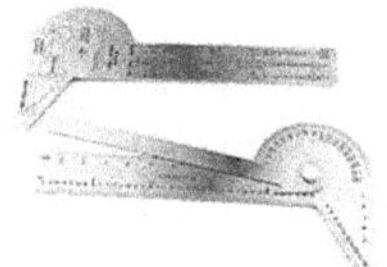

Centre gauge

Jig

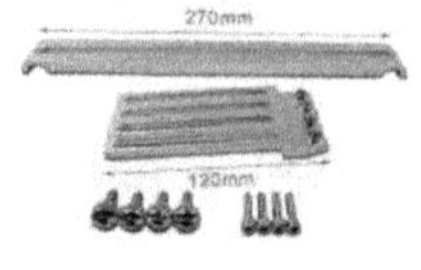

Fixture

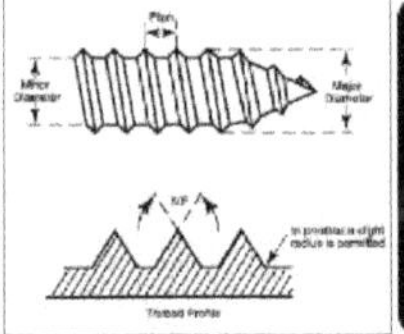

Thread

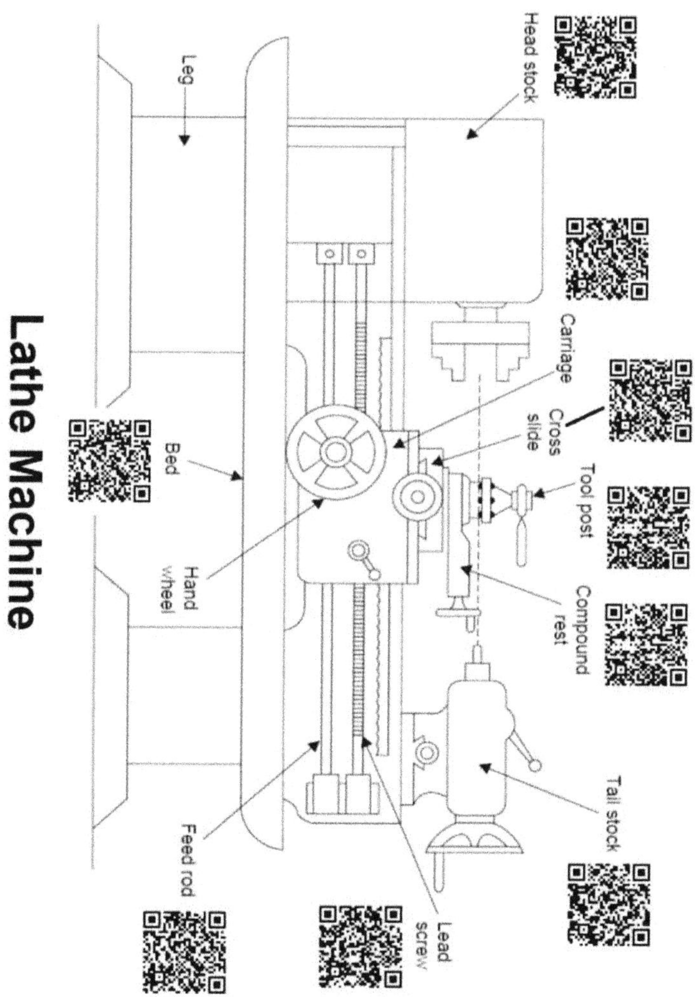
Lathe Machine
Head stock
Leg
Carriage
Cross slide
Tool post
Compound rest
Tail stock
Bed
Hand wheel
Feed rod
Lead screw

Bench Grinding Machine

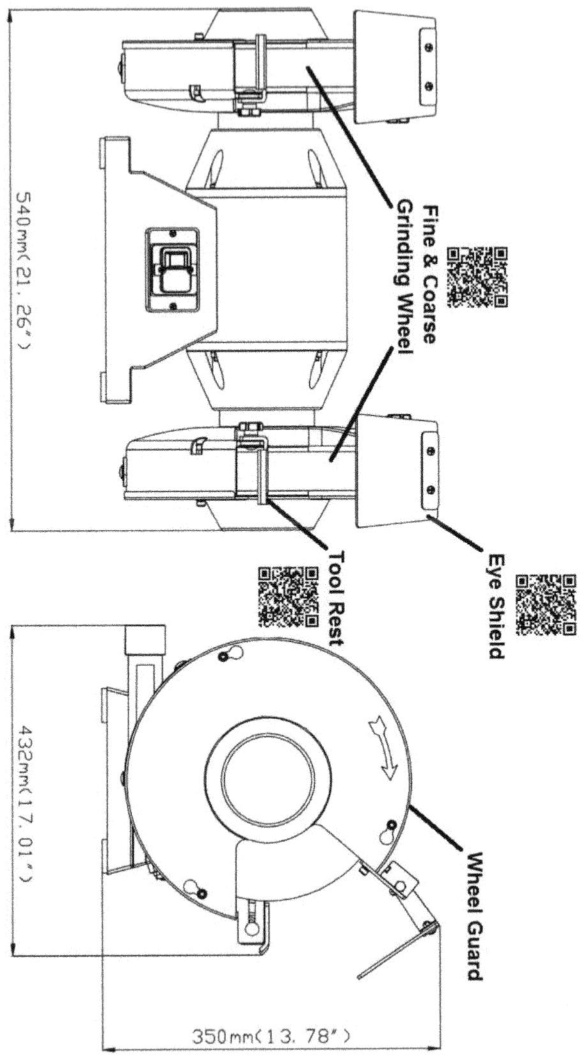

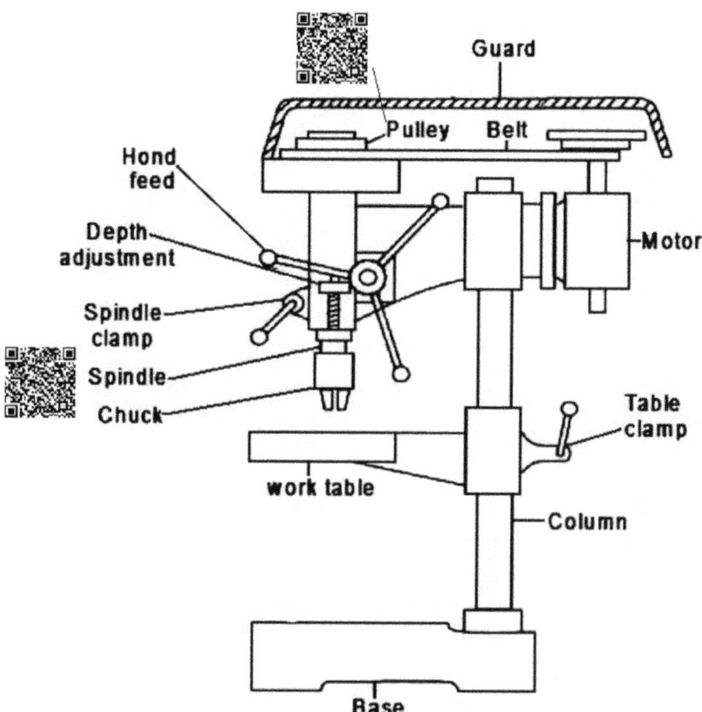

Piller Drilling Machine

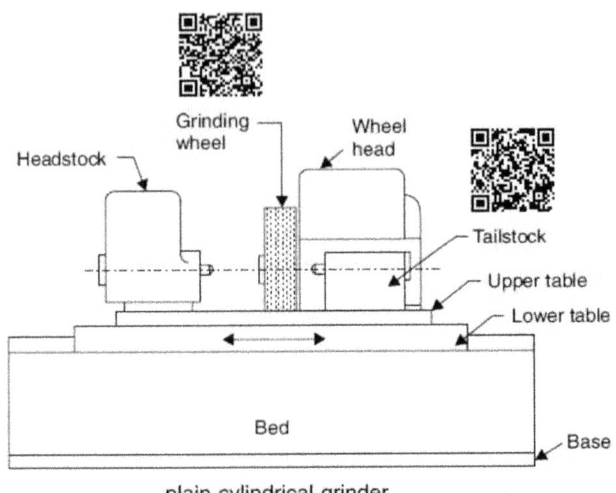

plain cylindrical grinder

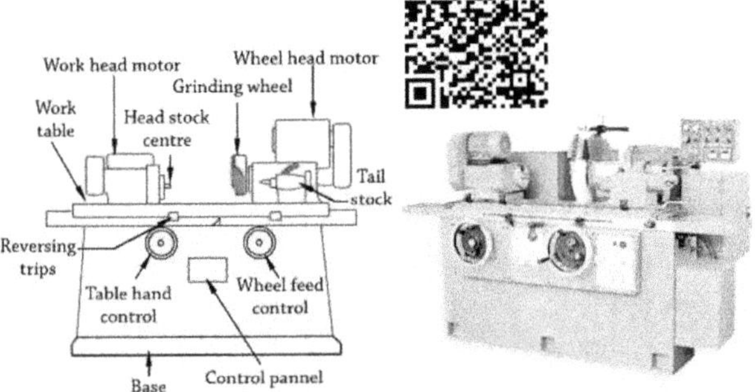

Cylindrical grinding machine

To study Different operations and parts of Surface Grinding Machine

SURFACE GRINDER

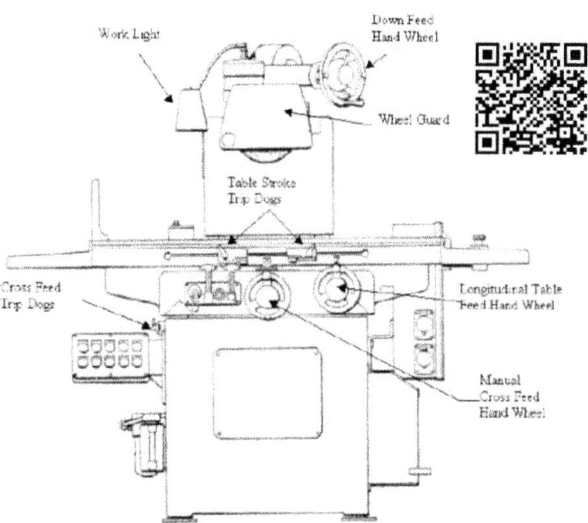

Surface grinding is used to produce a smooth finish on flat surfaces. It is a widely used abrasive machining process in which a spinning wheel covered in rough particles (grinding wheel) cuts

PLAIN OR HORIZONTAL MILLING MACHINE

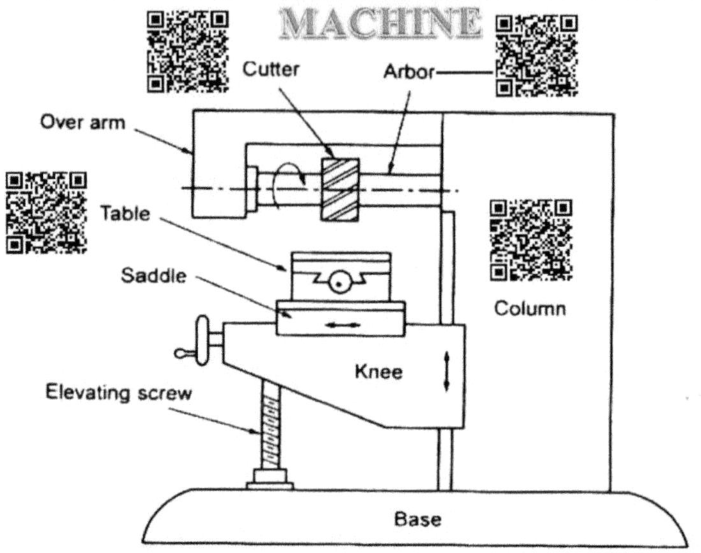

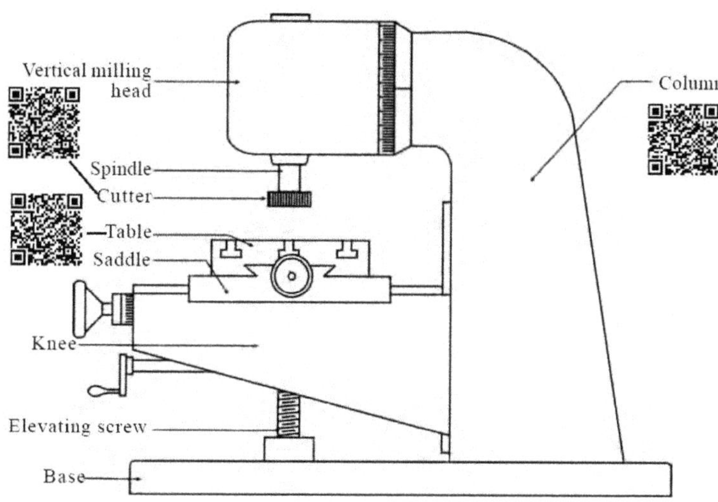

Vertical Milling Machine

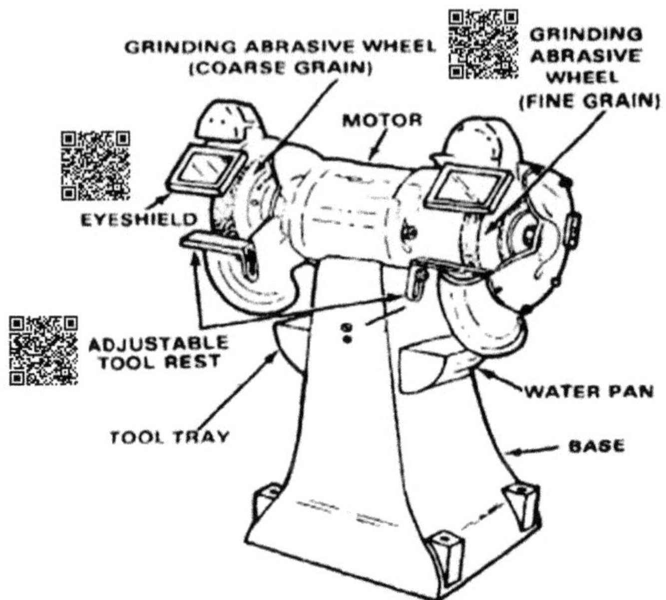

Pedastal Grinding Machine

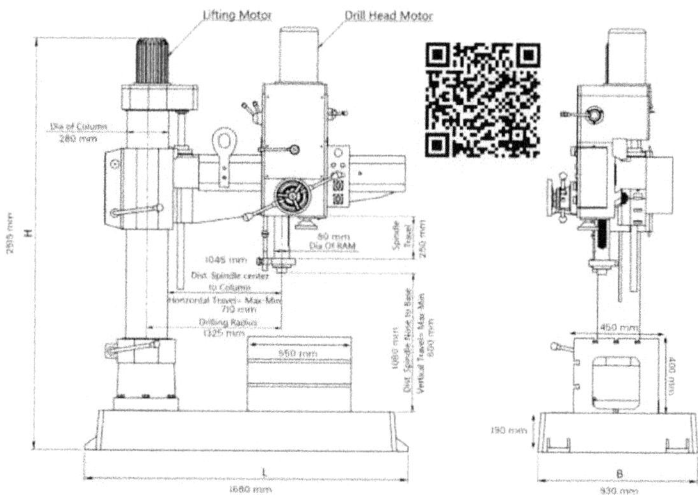

Radial Drilling Machine

2

मशीनिस्ट ग्राइंडर प्रथम वर्ष हिंन्दी MCQ

01] पीसते समय आंखों की सुरक्षा के लिए किसका प्रयोग किया जाता है?

ए] गहरा हरा कांच

बी] मुखौटा

सी] धूप का चश्मा

<u>डी] सुरक्षाचश्मा</u>

02] रक्तस्राव के मामले में, उपचार करें .

डी] ठंडा 3" और आराम

<u>ए] ठंडेपानीकाछिड़कावकरें</u>

बी] तुरंत पट्टी -----।

बी] दुर्घटना विचार उपचार के बारे में पूछताछ

03] दुर्घटना की स्थिति में पीड़ित को

ए] आराम करने के लिए कहा

<u>सी] तुरंतभागलिया</u>

डी] उसे छोड़ दो

04] प्राथमिक रूप से घायल या बीमार व्यक्ति को प्राथमिक उपचार दिया जाता है....

ए] जीवन बचाओ

बी] मफ की और गिरावट को रोकें

सी] सर्वोत्तम संभव आराम दें

<u>डी] येसभी</u>

05] बेकार कागज को अलग करने के लिए डिब्बे का रंग कोड है -----

<u>ए] नीलारंग</u>

बी] पीला रंग

सी] लाल रंग

डी] हरा रंग

06] जापानी में Seiko का अर्थ -------------- होता है

<u>ए] शाइन</u>

बी] क्रमबद्ध करें

सी] मानकीकरण

डी] सस्टेनेबल

07] एसएस प्रणाली का लाभ है ------

ए] उत्पादकता में वृद्धि

बी] गुणवत्ता में वृद्धि

सी] समय की बर्बादी में कमी

<u>डी] येसभी</u>

08] सुरक्षा है -----------

ए] किसी का काम नहीं

<u>बी] हरबॉडीबिजनेस</u>

सी] कुछ निकायों का व्यवसाय

डी] संगठन व्यवसाय

09] सुरक्षा संकेतों की बुनियादी श्रेणियों के लिए उपलब्ध हैं "निषेध" चिह्न का अर्थ ----

<u>ए] दिखाताहैकियहनहींकियाजानाचाहिए</u>

बी] दिखाता है कि क्या किया जाना चाहिए

सी] खतरे या खतरे की चेतावनी देता है

डी] सुरक्षा प्रावधान की जानकारी देता है

10] कौन सी वर्कशॉप सेफ्टी है?

<u>ए] दुकानकेफर्शकोसाफऔरग्रीस, तेलयाअन्यफिसलनसामग्रीसेमुक्तरखें</u>

बी] गति बदलने से पहले मशीन बंद करो

सी] फटे या चिपके हुए औजारों का प्रयोग न करें

D] चल रही मशीन को हाथ से रोकने की कोशिश न करें

11] पर्सनल प्रोटेक्ट इक्विपमेंट (पीपीई) में हेल्मेट का प्रयोग किया जाता है

<u>ए] सिरकीरक्षाकरें</u>

बी] आंखों की रक्षा करें

सी] हाथों की रक्षा करें

डी] कानों की रक्षा करें

12] निम्नलिखित में से कौन सामान्य सुरक्षा से संबंधित है?

A एक कार्यकर्ता को अच्छे व्यवहार में रखें

बी] काम साफ और स्पष्ट

सी] अपने काम पर ध्यान लगाओ

डी] फर्शऔरगैंगवेकोसाफऔरसाफरखें

13] मशीन की सुरक्षा के लिए निम्नलिखित में से क्या किया जाता है?

ए] मशीनशुरूकरनेसेपहलेतेलकेस्तरकीजांचकरें

बी] चीजों को व्यवस्थित तरीके से करें

सी] फर्श और गैंगवे को साफ और साफ रखें

डी] डाई और स्कार्फ का प्रयोग न करें

14] पर्सनल प्रोटेक्ट इक्विपमेंट (पीपीई), 'स्लीव्स' का इस्तेमाल ---------- की सुरक्षा के लिए किया जाता है

एक चेहरा

बी] आंखें

सी] कान

डी] हाथ

15] एबीसी का मतलब --------------

ए] स्वचालित श्वास नियंत्रण

बी] स्वचालित रक्त नियंत्रण

सी] वायुमार्गश्वासपरिसंचरण

डी] स्वचालित रक्त परिसंचरण

Fire Extingusher.png

16] "क्लास बी" की आग को बुझाने के लिए किस प्रकार के अग्निशामक यंत्र का उपयोग किया जाता है ....

<u>ए] शुष्कशक्ति</u>

बी] कार्बन डाइऑक्साइड

सी] पानी की जेट

डी] फोम प्रकार

17] सामान्य आग को बुझाने के लिए किस प्रकार के अग्निशामक यंत्र का उपयोग किया जाता है?

<u>ए] जलप्रकारबुझानेवाला</u>

बी] फोम प्रकार बुझाने वाला

सी] शुष्क रासायनिक पाउडर एक्सटिंगुइशर

डी] कार्बन डाइऑक्साइड (C02] बुझाने वाला)

bench
grinder-wheel.png

18] पेडस्टल ग्राइंडर के कार्य में शामिल हैं ---------

ए] काटने के उपकरण को तेज करना

बी] रफ पीस

<u>सी] दोनों (ए] और (बी)</u>

डी] इनमें से कोई नहीं

19] पेडस्टल ग्राइंडर के दो पहियों के लिए उपयोग किए जाने वाले अपघर्षक प्रकार हैं।-।

ए] मोटे और मोटे प्रकार

बी] ठीक और ठीक प्रकार

<u>सी] मोटेऔरठीक</u>

डी] इनमें से कोई नहीं

20] स्टील रूल एक ---------- है

ए] अंकन उपकरण

सी] जांच उपकरण

बी] प्रेसिजन उपकरण

डी] प्रत्यक्षमापउपकरण

21] निम्नलिखित में से कौन सा एक प्रत्यक्ष मापन उपकरण है?

ए] स्क्वायर का प्रयास करें

बी] स्टीलनियम

सी] सीधे किनारे

22] इस्पात के नियम का अल्पतमांक है..

ए] 1 मिमी

बी] 0.25 मिमी

सी] 0.5 मिमी

डी] 2 मिमी

23] डिवाइडर का आकार ----------- द्वारा निर्दिष्ट किया जाता है

ए] पैरों की कुल लंबाई

बी] पूरी तरह से खुलने पर बिंदुओं के बीच की दूरी

सी] बिना बिंदुओं के पैरों की लंबाई

डी] धुरीऔरबिंदुकेबीचकीदूरी

24] डेटम किनारे के समानांतर समानांतर रेखाओं को चिह्नित करने के लिए इस्तेमाल किया जाने वाला उपकरण है -

ए] जेनीकैलिपर

बी] डिवाइडर

सी] बाहरी कैलिपर

डी] कैलिपर के अंदर

hand tools.png

25] निम्नलिखित में से कौन सा एक अप्रत्यक्ष माप उपकरण है?
<u>ए] बाहरीकैलिपर</u>
बी] वर्नियर कैलिपर
सी] स्टील नियम
डी] बाहरी माइक्रोमीटर
26] केंद्र का पता लगाने के लिए इस्तेमाल किए जाने वाले पंच का नाम बताइए।
A] प्रिक पंच 30°
B] प्रिक पंच 60°
<u>सी] केंद्रपंच</u>
डी] डॉट पंच

Punches.png

27] सेंटर पंच का पॉइंट एंगल -------- होता है
ए] 30 डिग्री
बी] 50 डिग्री
सी] 900
डी] 1200
28] ब्लेड की विभिन्न मानक लंबाई में फिट किया जा सकता है।
ए] ठोस फ्रेम
बी] समायोज्यफ्रेम (फ्लैटप्रकार]
सी] फिक्स्ड फ्रेम
डी] कठोर फ्रेम

Hacksaw Frame
Blade.png

29] पतली काटने के लिए हैकसॉ ब्लेड की सबसे उपयुक्त पिच। खंड ट्यूब is

<u>ए] 0.8 मिमी</u>

बी] 1.0 मिमी

सी] 1.4 मिमी

डी] 1.8 मिमी

30] हक्सॉ ब्लेड के दांत ---------- के कारण सुस्त हो जाते हैं

<u>सी] हघगतिऔरदबाव</u>

बी] वापसी स्ट्रोक के दौरान जारी नहीं किया गया दबाव

ए] शीतलक का उपयोग नहीं किया गया

डी] कम गति और दबाव

31] निम्नलिखित में से कौन हक्सॉ ब्लेड का मानक आकार है?

ए] 150 मिमी

<u>बी] 3000 मिमी</u>

सी] 225 मिमी

0] 100 मिमी

10] फाइल 06

32] लकड़ी, चमड़ा और अन्य नरम सामग्री भरने के लिए किस फाइल का उपयोग किया जाता है? .

ए] सिंगल कट फाइल

बी] डबल कट फ़ाइल

<u>सी] रास्पकटफ़ाइल</u>

डी] घुमावदार कट फ़ाइल

Files.png

33] प्रयुक्त फाइल का उपयोग ------------ के लिए किया जाता है

ए] काम के टुकड़े की सफाई

सी] फ़ाइल दांतों का नवीनीकरण

बी] फाइलदांतोंकीसफाई

डी] चिप्स की सफाई

34] फाइल कार्ड का उपयोग -------- के लिए किया जाता है

ए] काम के टुकड़े को साफ करें

सी] फ़ाइल दांत नवीनीकृत करें

बी] फाइलदांतसाफकरें

डी] चिप्स को साफ करें

35] बास्टर्ड फ़ाइल का कार्य है ------

ए] सामग्रीकोभारीरूपसेकमकरनेकेलिए

सी] ठीक से फाइल करने के लिए

बी] सामग्री को तेजी से हटाने के लिए

डी] इनमें से कोई नहीं

36] यदि सामग्री को सटीक आकार और बेहतर फिनिश के लिए फ़ाइल का उपयोग किया जाता है तो किस प्रकार का?

ए] रफ फाइल

बी] कमीने फ़ाइल

सी] चिकना फ़ाइल

डी] डेडस्मूथफाइल

37] 60° से अधिक कोण वाले कोनों और उपवनों को भरने के लिए -------- है

ए] गोल फ़ाइल

बी] स्क्वायर फ़ाइल

<u>सी] त्रिकोणीयफ़ाइल</u>

डी] चाकू की धार फ़ाइल

38] छेनी के अनुसार निर्दिष्ट हैं ~-

ए] लंबाई

बी] छेनी की चौड़ाई

सी] शरीर के क्रॉस सेक्शन का प्रकार

<u>डी] येसभी</u>

39] आम तौर पर वाइस के हैंडल की लंबाई ---------- होती है

ए] वाइस के सामान्य आकार का 1.5 गुना

<u>बी] वाइसकेसामान्यआकारका 2.5 गुना</u>

सी] वाइस के सामान्य आकार का 3.5 गुना

डी] वाइस के सामान्य आकार का 4.5 गुना

Bench Vice.png

40] बेंच वाइस स्पिंडल .... का बना होता है

<u>ए] माइल्डस्टील</u>

बी] कच्चा लोहा

सी] टूल स्टील

डी] कांस्य

41] M10 x 15 के लिए टैपिंग ड्रिल का आकार -------- है

ए] 8.2

बी] 8.3

सी] 8.4

<u>डी] 8.5</u>

42] M10XI.S के स्क्रू के लिए एक नट बनाना है। ड्रिल किए गए छेद का आकार क्या होना चाहिए?

<u>ए] 8-5 मिमी</u>

बी] 9.0 मिमी

सी] 9.5 मिमी

डी] 10.0 मिमी

Tap Die.png

43] टैप को पीसकर फिर से तेज किया जाता है ....

<u>ए] बांसुरी</u>

बी] धागे

सी] व्यास

डी] राहत

44] चौड़ाई एमएस टैप टेप करने के लिए किस आकार की ड्रिल का उपयोग किया जाता है?

ए] 4.5 मिमी

बी] 4.0 मिमी

सी] 0.38 मिमी

डी] 0.35 मिमी

45] निम्नलिखित में से किसका उपयोग हाथ से धागे के रूप को संचालित करने के लिए किया जाता है?

नल

बी] थ्रेडिंग टूल

सी] थ्रेडिंग चेज़र

डी] इत्तला दे दी उपकरण

46] हैंड टैपिंग ऑपरेशन में, उपयोग किए जाने वाले नलों की संख्या ---- है

ए] 2

बी] 3

सी] 4

डी] 5

47] एक छेद में 100% नल पाने के लिए छेद का आकार बराबर होना चाहिए ----

ए] नलकाछोटाव्यास

बी] नल का मध्यवर्ती व्यास

सी] नल का प्रमुख व्यास

डी] इनमें से कोई नहीं

48] बाहरी धागे को काटने के लिए इस्तेमाल होने वाले काटने के उपकरण को -------- कहा जाता है

एक ड्रिल

बी] रीमर

सी] मरो

डी] टैप

49] कॉपर या एल्युमिनियम को टेप करने के लिए किस कूलेंट की सिफारिश की जाती है?

ए] मिट्टीकातेल

बी] लार्ड तेल

सी] सोडा वाटर

डी] शुष्क हवा

50] कॉपर या एल्युमिनियम को टेप करने के लिए इस्तेमाल किया जाने वाला कूलेंट -------- है

ए] मिट्टीकातेल

बी] लार्ड तेल

सी] सोडा वाटर

डी] शुष्क हवा

51] स्नेहक के लिए आवश्यक है ....

ए] कमसेकमभारलेतेहुएमशीनकोसुचारूरूपसेचलाएं

बी] मशीन को जल्दी से चलाएं

सी] मशीन को तुरंत बंद करो

डी] अधिक सटीकता के काम के टुकड़े का उत्पादन करें

55] ट्विस्ट ड्रिल में बांसुरी की संख्या होती है --------

ए] 1

बी] 2

सी] 3

डी] 4

56] निम्नलिखित में से कौन सी ड्रिलिंग मशीन का उपयोग ड्रिलिंग छेद के लिए किया जाता है जहां बिजली उपलब्ध नहीं है?

ए] बेंच ड्रिलिंग मशीन

बी] स्तंभ ड्रिलिंग मशीन

सी] रीडायल ड्रिलिंग मशीन

डी] शाफ़्टड्रिलिंगमशीन

drilling
machine.png

57] निम्नलिखित में से कौन सी ड्रिलिंग मशीन भारी शुल्क के काम के लिए प्रयोग की जाती है?

ए] बेंच ड्रिलिंग मशीन

बी] स्तंभ ड्रिलिंग मशीन

<u>सी] रेडियलड्रिलिंगमशीन</u>

डी] इलेक्ट्रिक हैंड ड्रिलिंग मशीन

58] ड्रिल चक को मशीन स्पिंडल पर किस माध्यम से रखा जाता है?

<u>ए] आर्बर</u>

बी] बहाव

सी] ड्रा-इन बार

डी] चक अखरोट

59] एक संवेदनशील बेंच ड्रिलिंग मशीन में विभिन्न गतियां प्राप्त की जाती हैं ----

<u>ए] बेल्टचरखीतंत्र</u>

बी] हाइड्रोलिक तंत्र

सी] रैक और पिनियन तंत्र

डी] कैम और अनुयायी तंत्र

60] आवश्यक गुण प्राप्त करने के लिए स्टील की संरचना को बदलने के लिए हीटिंग और कूलिंग की प्रक्रिया को कहा जाता है

ए] हार्डनिंग

<u>बी] सामान्यीकरण</u>

सी] गर्मी उपचार

डी] तड़के

61] एनीलिंग का मुख्य उद्देश्य है:

ए] कठोरता बढ़ाएं

बी] कठोरता बढ़ाएँ

<u>सी] मशीनेबिलिटीमेंसुधार</u>

डी] विरूपण में सुधार

62] स्टील को सामान्य करने का उद्देश्य -------- है

<u>ए] प्रेरिततनावकोदूरकरें</u>

बी] जीन में सुधार और भंगुरता को कम करें

सी] धातु को नरम करें

डी] सतह बढ़ाएँ?

63] बाहरी 5" एनीलिंग . को सख्त करने के लिए निम्नलिखित में से किस प्रक्रिया का उपयोग किया जाता है

ए] हार्डनिंग

बी] तड़के

<u>सी] केसहार्डनिंग</u>

डी] आंसू सतह

64] कठोर और डक्ट IIe कोर और हार्ड वाले घटक के उत्पादन के उद्देश्य के रूप में जाना जाता है ......

ए] हार्डनिंग

बी] केससख्त

सी] तड़के

डी] एनीलिंग

65] सख्त होने पर उच्च कार्बन स्टील का कम महत्वपूर्ण तापमान ---------- होता है

ए] 9600C

बी] 900 डिग्री सेल्सियस

सी] 7230 सी

डी] 56O सी

66] संरचना को बदलने और इस प्रकार हीटिंग और 'कूलिंग' द्वारा गुणों को बदलने की प्रक्रिया के रूप में जाना जाता है -

ए] हीटट्रीटमेंट

बी] मिश्र धातु

सी] तड़के

डी] इनमें से कोई नहीं

67] अनाज की संरचना को परिष्कृत करने के लिए निम्नलिखित में से कौन सी गर्मी उपचार प्रक्रिया को अपनाया जाता है।

ए] एनीलिंग

बी] हार्डनिंग

सी] तड़के

डी] सामान्यीकरण

68] एनीलिंग लोहे और स्टील पर की जाती है ---------

ए] आंतरिक तनाव को दूर करने के लिए

बी] कठोरता को कम करने के लिए

सी] मशीनेबिलिटी में सुधार करने के लिए

डी] येसभी

69] निम्नलिखित में से कौन-सा एक ऊष्मा उपचार के चरणों में नहीं आता है?

ए] ताप

बी] सफाई

सी] शमन

डी] भिगोना

70] गन मेटल तांबे की मिश्रधातु है, ------------

<u>ए] टिनऔरजस्ता</u>

बी] सीसा और जस्ता

सी] जिंक और निकल

डी] सीसा और निकल

71] ढलवां लोहे का उपयोग मशीन बेड बनाने के लिए किया जाता है क्योंकि -------

<u>ए] यहअधिकसंपीड़नतनावकाविरोधकरसकताहै</u>

बी] यह वजन में भारी है

C] यह सस्ती धातु है

D] यह एक भंगुर धातु है

75] निम्न में से कौन सा ऑपरेशन सेंटर लेथ पर नहीं किया जा सकता है? .

ए] टर्निंग

बी] धागा काटना

<u>सी] गियरकाटना</u>

डी] टेपर टर्निंग

76] खराद की टम्बलर गियर इकाई में गियर की संख्या होती है ----

ए] 2

<u>बी] 3</u>

सी] 4

डी] 5

77] खराद में फीड रॉड का कार्य है ----

<u>ए] रोटरीगतिकोउपकरणकीरैखिकगतिमेंबदलनेकेलिए</u>

बी] रोटरी गति को उपकरण के परिपत्र गति में परिवर्तित करने के लिए

सी] रोटरी गति को पूंछ स्टॉक के परिपत्र गति में परिवर्तित करने के लिए

डी] इनमें से कोई नहीं

78] खराद को चालू करने वाले टेपर का उपयोग होता है ----

ए] इकट्ठे भागों में ड्राइव संचारित करने में सहायता

बी] विधानसभा और भागों के जुदा करने के लिए प्रयुक्त

सी] इकट्ठे भागों में आत्म संरेखण दें

<u>डी] येसभी</u>

79] खोखले अंत नौकरियों का समर्थन करने के लिए किस खराद केंद्र का उपयोग किया जाता है?

ए] इत्तला दे दी केंद्र

बी] बॉल सेंटर

सी] पाइपकेंद्र

डी] परिक्रामी केंद्र

80] सजीव केंद्र नाक का सम्मिलित कोण ....

ए] 30 डिग्री

बी] 40 डिग्री

सी] 500

डी] 900

81] निम्नलिखित में से किसका उपयोग मशीनिंग व्यास के लिए वर्कपीस को उसके छेद/बोर पर केंद्रित रखने के लिए किया जाता है?

ए] फेसप्लेट

बी] मैंड्रेल

सी] तीन जबड़े चक

डी] चार-जबड़े चक

Lathe Chuck.png

82] निम्न में से किसका उपयोग नियमित वर्कपीस को होल्ड करने के लिए किया जाता है

ए] फेसप्लेट

बी] मैंड्रेल

c] थ्री-जॉचक

डी] चार जबड़े चक।

83] चार जॉ चक के पिछले हिस्से पर धागों का प्रकार...----- होता है।

एकवर्ग

3] समलम्बाकार

सी] वी-आकार

डी] इनमें से कोई नहीं

84] रेक कोण का उद्देश्य -------- है

ए] टूल के फ्लैंक को वर्कपीस से रगड़ने से रोकें

बी] चिप्सकोदूरगाइडकरें

सी] एक अच्छा सतह खत्म प्राप्त करें W

डी] उपकरण के जीवन को बढ़ाएं

85] आकृति में "X" अंकित कोण एक ______ a . है

ए] कटिंग एंगल '

बी] पच्चरकोण

सी] सामने निकासी कोण

डी] रेक कोण

86] खराद के थ्रेडिंग टूल को 60° के कोण पर सटीकता के लिए जांचने के लिए किस गेज का उपयोग किया जाता है?

ए] पेंच पिच गेज

बी] थ्रेड प्लग गेज

सी] केंद्रगेज

डी] थ्रेड रिंग गेज

87] एक छेद जो घटक की पूरी गहराई के माध्यम से नहीं बनाया जाता है उसे -------- के रूप में जाना जाता है

ए] कोर होल

बी] अंधाछेद

सी] पिन होल

डी] बोर होल

89] खराद पर ड्रिलिंग करते समय, ड्रिल किसमें आयोजित की जाती है?

ए] हेडस्टॉक

बी] टेलस्टॉक

सी] यौगिकआराम

डी] बेड

90] सॉकेट स्क्रू के शीर्ष को समायोजित करने के लिए मौजूदा छेद के सिरे को बड़ा करने की प्रक्रिया को ----------- कहा जाता है

ए] बोरिंग

बी] स्पॉट फेसिंग

सी] काउंटर-बोरिंग

डी] काउंटर सिंकिंग

91] tmix-31 को सेल्फ होल्डिंग और क्विक रिलीजिंग टेपर के रूप में वर्गीकृत किया गया है। सेल्फ होल्डिंग टेंपर एंगल है

ए] 3 डिग्री

बी] 4 डिग्री

ग] 5°

डी] 6 डिग्री

93] छोटी लंबाई के टेपर के उत्पादन के बड़े पैमाने पर उत्पादन में किस प्रकार की विधि का उपयोग किया जाता है?

ए] फॉर्मटूल

बी] कंपाउंड स्लाइड

सी] टेलस्टॉक ऑफसेट।

डी] टेपर टर्निंग अटैचमेंट

94] मोर्स मानक टेपर अंतरराष्ट्रीय स्तर पर स्वीकृत मानकों में से एक है, जो संख्या में उपलब्ध है ----------

ए]1to7

बी] 1 से 8

सी] ओसे 7

डी] 0 से 8

95] स्टीप टेंपर काटने के लिए किस टेपर टर्निंग विधि का उपयोग किया जाता है?

ए] विधि पर सेट करें

बी] टेपर टर्निंग अटैचमेंट

सी] फॉर्म टूल

D] कंपाउंडरेस्टकोघुमाना

96] मोर्स टेपर का प्रयोग निम्नलिखित में से किस मशीन के पुर्जों में किया जाता है-...

ए] खराद की धुरी

बी] ड्रिल मशीन की धुरी

सी] रीमर के शैंक्स

डी] येसभी

97] टेपर के बड़े पैमाने पर उत्पादन के लिए निम्नलिखित में से किस विधि का उपयोग किया जाता है ......

ए] टेलस्टॉक ऑफसेट विधि

बी] टेपर टर्निंग अटैचमेंट मेथड

C] फॉर्मटूमेथड

डी] कंपाउंड स्लाइड विधि

98] शंकु का प्रमुख व्यास 40 मिमी है, लघु व्यास 30 मिमी है। कार्य की कुल लंबाई 100 मिमी है जिसे पतला किया जाता है और फिर ऑफसेट दिया जाता है

ए] 5 मिमी

बी] 7.5 मिमी

सी] 12 मिमी

डी] 9 मिमी

99] 50 मीट्रिक मोटे धागे को M12 x 125 के रूप में नामित किया गया है '12' क्या दर्शाता है?

ए] प्रमुखव्यास

बी] रूट व्यास

सी] पिच व्यास

डी] खाली व्यास

100] 3 अक्षांश मिमी पिच 120 . पर 3 मिमी पिच काटने के लिए आवश्यक परिवर्तन गियर खोजें

ए] चालक / प्रेरित = .455/120

बी] चालक / प्रेरित = 60/120

सी] चालक / प्रेरित = 80/120

डी] चालक / चालित 2 40/80 of 5 मिमी

101] एक खराद havmg लीड स्क्रू पिच पर 1 5 मिमी पिच को काटने के लिए आवश्यक गियर की गणना करें

ए] चालक / प्रेरित -_20/100

बी] चालक / प्रेरित = 30/100

सी] चालक / प्रेरित = 40/120

डी] चालक / प्रेरित = 60/120

104] आसन्न धागे के दोनों किनारों को मिलाने वाली शीर्ष सतह को कहा जाता है

ए] क्रेस्ट

बी] रूट

सी] फ्लैंक

D] थ्रेड एंगल है

105] आईएसओ मीट्रिक थ्रेड का सम्मिलित कोण है --------

ए] 27 1/2°

बी] 30 डिग्री

सी] 55 डिग्री

डी] 60 डिग्री

106] निम्नलिखित में से किस स्क्रू थ्रेड फॉर्म में धागों के किनारों के बीच 55° का सम्मिलित कोण होता है?

ए] बीएथ्रेड

बी] एक्मे धागा

सी] बट्रेस धागे

डी] अंगुली धागा

107] निम्नलिखित में से किसका उपयोग केवल धागे के सही रूप को खत्म करने और बनाए रखने के लिए किया जाता है?

नल

बी] थ्रेडिंग टूल

सी] थ्रेडिंग चेज़र

डी] इत्तला दे दी उपकरण

108] कोण 0f lS धागा (V आकार का) ---------- है

ए] 29 डिग्री

बी] 47 1/4°

सी] 50 डिग्री

डी] 60

109] निम्नलिखित में से किस विधि से केवल बाहरी धागे बनाए जाते हैं --------

ए] फॉर्म टूल mEthOd

बी] यौगिक आराम विधि

सी] टेलस्टॉकऑफसेटविधि

डी] टेपर टर्निंग अटैचमेंट विधि।

110] शिखा और धागे की जड़ को मिलाने वाली सतह को ---- के रूप में जाना जाता है

ए] फ्लैंक

बी] शंकु

सी] पिच सतह

डी] ये सभी

111] एक दो प्रारंभ धागे की पिच 4 मिमी है। फिर धागे का नेतृत्व ----- द्वारा दिया जाता है

ए] 4 मिमी

बी] 2 मिमी

सी] 8 मिमी

डी] 6 मिमी

112] सिंगल पॉइंट कटिंग टूल का उपयोग करके लेड स्क्रू पिच वाले खराद पर 2.5 मिमी के स्क्रू थ्रेड को काटने के लिए आवश्यक गियर अनुपात है ----

<u>ए] 1:2</u>

बी] 2:1

सी] 1:1 मिमी

27] पीस

113] पीसना एक ---------- है

ए] सिंगल पॉइंट कटिंग टूल

<u>बी] मल्टीपॉइंटकटिंगटूल</u>

सी] फॉर्म टूल

डी] मल्टी पॉइंट हैंड टूल

114] सतह पीसने से उत्पन्न सतह -------- होती है

ए] भरने से ज्यादा किफायती

बी] कम किफायती और अधिक सटीक

सी] भरने से कम किफायती

<u>डी] अधिककिफायतीऔरअधिकसटीक</u>

115] पीसना मूल रूप से एक ---------- है

ए] टर्निंग प्रक्रिया

बी] योजना प्रक्रिया

सी] आकार देने की प्रक्रिया

<u>डी] मशीनिंगप्रक्रिया</u>

116] स्क्राइबर ---------- से बने होते हैं

ए] माइल्ड स्टील

बी] पीतल

सी] कच्चा लोहा

<u>डी] उच्चकार्बनस्टील</u>

117] स्क्राइबर का बिंदु कोण ----------- है

ए] 30 डिग्री

बी] 60 डिग्री

सी] 5° से 10°

<u>डी] 12° से 15°</u>

118] मार्किंग के दौरान रेफरेंस सरफेस आईडी ----- द्वारा प्रदान किया जाता है

ए] नौकरी का स्केच

बी] वर्क पीस

सी] टेबलसतहोंकोचिह्नितकरना
डी] भूतल गेज

Surface
Gauge.png

119] एक सार्वभौमिक सतह गेज का कौन सा भाग
ए] ठीक समायोजन पेंच
बी] गाइडपिन
सी] बेस
डी] आर के ओसी एर आर्म
120] ड्रेसर द्वारा ग्राइंडिंग व्हील को आकार देने का संचालन?
ए] ड्रेसिंग
बी] ट्रूइंग
सी] क्लॉगिंग
डी] ग्लेज़िंग
121] निम्नलिखित में से कौन सा पहिया का मूल प्रकार नहीं है।
ए] स्टील
बी] घर्षण
सी] हीरा
डी] बोरोन
122] ग्राइंडिंग व्हील की ड्रेसिंग और ट्रूइंग -------- हैं।
ए] बिल्कुल वही ऑपरेशन
बी] एकहीसमीकरणकेसाथक्लोन
सी] केवल मोटे पीसने वाले पहिये के लिए किया जाता है
डी] केवल फॉर्म पीसने के लिए
123] माइक्रोमेट्रिक के बाहर एक मीट्रिक की शुद्धता या कम से कम गिनती ---- है
ए] 0-1 मिमी

बी] 0.01 मिमी
सी] 0.001 मिमी
डी] 0.02 मिमी
124] 1000 माइक्रोन मतलब -----
ए] 1 मिमी
बी] 1 एम
सी] 1000 मिमी
डी] 10 सेमी

Out Side
Micrometer.png

125] एक मीट्रिक माइक्रोमीटर में, थिम्बल अग्रिमों की एक पूर्ण क्रांति -----------
ए] 0.01 मिमी
बी] 0.25 मिमी
सी] 0.50 मिमी
डी] 1.00 मिमी
126] माइक्रोमीटर में शाफ़्ट स्टॉप ------------ में मदद करता है
ए] दबावकोनियंत्रितकरें
बी] स्पिंडल को लॉक करें
सी] शून्य त्रुटि समायोजित करें
डी] काम के टुकड़े को पकड़ो
127] 1000 माइक्रोन मतलब ------------
ए] 1 मिमी
बी] 1 एम
सी] 1000 मिमी
डी] 10 सेमी
128] माइक्रोमीटर के बाहर 50-75 मिमी की शून्य रीडिंग क्या है?

ए] 0.000 मिमी

बी] 0.01 मिमी

सी] 25.00 मिमी

डी] 50.00 मिमी

129] माइक्रोमीटर के बाहर एक मीट्रिक की आस्तीन पर सबसे छोटे विभाजन का मान है -----

ए] 0.50 मिमी

बी] 1.00 मिमी

सी] 1.50 मिमी

डी] 2.00 मिमी

130] माइक्रोमीटर में शाफ़्ट स्टॉप ---------- में मदद करता है

ए] दबावकोनियंत्रितकरें

बी] स्पिंडल को लॉक करें

सी] शून्य त्रुटि समायोजित करें

डी] काम के टुकड़े को पकड़ो

131] वर्नियर कैलिपर की सबसे छोटी संख्या है (मुख्य पैमाना = 49 डिवीजन, वर्नियर स्केल = 50 डिवीजन]

ए] 0.1 मिमी

बी] 0.01 मिमी

सी] 0.001 मिमी

डी] 0.02 मिमी

Vernier
Caliper.png

132] वर्नियर कैलिपर का उपयोग करके किए गए माप का प्रकार है --------

ए] प्रत्यक्ष माप

बी] अप्रत्यक्षमाप

सी] 90"] (ए) 81 (बी]

डी] इनमें से कोई नहीं

133] अंजीर में दिखाए गए उपकरणों के नाम बताइए।

ए] प्लंजर टाइप डायल टेस्ट इंडिकेटर

<u>बी] लीवरप्रकारडायलटेस्टइंडिकेटर</u>

सी] स्वचालित प्रकार डायल परीक्षण संकेतक

डी] सेमी ऑटोमैटिक टाइप डायल टेस्ट इंडिकेटर

Dial Guage.png

134] डायल इंडिकेटर के अंतिम निचले हिस्से का नाम बताएं।

तना

बी] आँवला

<u>सी] प्लंजर</u>

डी] सूचक

135] वी-ब्लॉक और डायल इंडिकेटर विधि का उपयोग को मापने के लिए किया जाता है

ए] वर्कपीस ग्राउंड की लंबाई

<u>बी] वर्कपीसकीसतहकीगोलाई</u>

सी] सतह की समतलता

डी] धागे की पिच

136] रफ ग्राइंडिंग के लिए निम्नलिखित में से किस फीड और कार्य गति संयोजन का उपयोग किया जाता है?

<u>ए] भारीफ़ीडऔरधीमीगति,</u>

बी] भारी फ़ीड और उच्च गति

सी] कम फ़ीड और धीमी गति

डी] कम फ़ीड और उच्च गति

137] निवारक अनुरक्षण ....

ए] रखरखाव में संवेदनशील उपकरणों का उपयोग शामिल है

बी] रखरखाव आमतौर पर ऑपरेटर द्वारा स्वयं किया जाता है

सी] काम तभी किया जाता है जब मशीन खराब हो जाती है

डी] अप्रत्याशितटूटनेकोकमकरनेकीयोजना

138] ब्रेक डाउन मेंटेनेंस क्या है?

ए] अप्रत्याशित टूटने को कम करने के लिए रखरखाव

बी] रखरखाव आमतौर पर स्वयं ऑपरेटर द्वारा किया जाता है

सी] रखरखाव में खराब हो चुके हिस्सों को बदलना शामिल है

D] मशीनखराबहोनेपरहीमरम्मतकार्यकियाजाताहै

139] एक उत्पाद को गुणवत्ता वाला कहा जाता है जब ----

ए] इसका आकार और आयाम सीमा के भीतर नहीं है

बी] यहउपयोगकेलिएउपयुक्तहै

सी] यह बहुत अच्छा प्रतीत होता है

डी] सामग्री का चुनाव सही है

140] सूत्र अंजीर में दिखाए गए पीस व्हील का नाम दें।

ए] एक तरफ अवकाशित टाइप 5

बी] सीधाकपटाइप 6।

सी] फ्लेयरिंग कप टाइप 7।

डी] सिलेंडर प्रकार 2

141] मिलिंग कटर को तेज करने के लिए टूल और कटर ग्राइंडर पर किस प्रकार के ग्राइंडिंग व्हील का उपयोग किया जाता है?

ए] सीधे कप व्हील

बी] जगमगाताहुआकपपहिया

सी] डिश व्हील

डी] तश्तरी पहिया

143] लेप पीसने की विधि पर निर्भर करता है ऑपरेशन किस प्रकार का पीस व्हील अंजीर में दिखाए गए ले का उत्पादन करेगा।

ए] पारस्परिक कार्य के साथ सीधा पहिया

बी] कप व्हील पारस्परिक कार्य के साथ

सी] ऊर्ध्वाधरधुरीपरखंडीयपहिया

डी] घूर्णन कार्य के साथ कप या खंडीय पहिया

144] रिकेस्ड ऑन दोनों साइड टाइप ग्राइंडिंग व्हील का उपयोग ---------- के लिए किया जाता है

ए] ब्रेकिंग बदलें

बी] सपाट सतह पीसें

सी] निकला हुआ किनारा के लिए निकासी प्रदान करें

डी] दोनोंनिकलाहुआकिनाराकेलिएनिकासीप्रदानकरें

145] ग्राइंडिंग व्हील को मानक चिह्नों के अलावा निर्दिष्ट करते समय, निम्नलिखित में से किसका उल्लेख किया गया है -----

ए] व्यास 0f पहिया

बी] पहिया की मोटाई

सी] पहिया का आकार

डी] येसभी

146] ग्लेज्ड या लोडेड व्हील सिंग का प्रभाव ---------- होता है

ए] कम गर्मी उत्पादन

बी] अच्छी सतह खत्म

सी] कम काटने का दबाव

डी] पहियाचेहरेऔरकामकीसतहकेबीचअत्यधिककाटनेकादबाव

147] ग्राइंडिंग ऑपरेशन में, जमीन के धातु के कण अपघर्षक कणों के बीच फंस जाते हैं इसे कहते हैं

ए] ड्रेसिंग

बी] ट्रूइंग

सी] ग्लेज़िंग

डी] लोडहोरहाहै

148] जैसे कि पीसने के दौरान नरम सामग्री के कण बंद हो जाते हैं। इसे ~- के रूप में जाना जाता है

ए] लोडहोरहाहै

बी] ग्लेज़िंग

सी] ट्रूइंग

डी] ड्रेसिंग

149] पीसते समय नरम पदार्थ के कण ग्राइंडिंग व्हील में बंद हो जाते हैं। यह कहा जाता है -

ए] लोडहोरहाहै

बी] ग्लेज़िंग

सी] ट्रूइंग

डी] ड्रेसिंग

150] ग्राइंडिंग ऑपरेशन के दौरान, ग्राइंडिंग व्हील की सतह एक चिकनी और चमकदार उपस्थिति विकसित करती है। इस रूप को कहा जाता है

ए] ड्रेसिंग

बी] ट्रूइंग

सी] ग्लेज़िंग

डी] लोड हो रहा है

151] ग्राइंडिंग ऑपरेशन के दौरान, ग्राइंडिंग व्हील की सतह एक चिकनी और चमकदार सतह विकसित करती है जिसे ------ कहा जाता है

ए] मास"

बी] विंग

सी] ग्लेज़िंग

डी] लोड हो रहा है

152] ग्राइंडिंग व्हील का चेहरा कुछ उपयोग के बाद चमकदार और चिकना या चमकीला हो जाता है इसका कारण है।

ए] अनाज का आकार बहुत मोटा है

बी] पहियाकाग्रेडबहुतकठिनहै

C] पहिये का अपघर्षक इस उद्देश्य के लिए उपयुक्त नहीं है

डी] पहिया की संरचना बहुत खुली है

153] निम्नलिखित में से कौन ग्लेन की विशेषता नहीं है। जी शाइनी

ए] कुंद का सामना करना पड़ा पहिया

बी] पहिया बनना

सी] घर्षणतेजहोरहाहै

डी] पहिया बनना

154] संतुलित ग्राइंडिंग व्हील के साथ पीसने से यह p05 . हो जाएगा

ए] सतहखत्मकेसाथआयामीसटीकता

बी] आवश्यक प्राप्त करने के लिए व्यपगत का पैटर्न ----

सी] स्थिति सहिष्णुता सतह केवल खत्म

डी] स्थितीय सहिष्णुता

155] एल्यूमीनियम ऑक्साइड अपघर्षक पीसने के लिए उपयोग किया जाता है।

ए] उच्चतन्यताताकतसामग्री

बी] कम तन्यता ताकत, कठोर और भंगुर सामग्री

सी] कठोर स्टील

डी] कोल्ड रोल्ड स्टील

156] सिलिकॉन कार्बाइड के पहिये पीसने के लिए उपयोग किए जाते हैं

ए] उच्च तन्यता ताकत सामग्री

<u>बी] कमतन्यतताताकत, कठोरऔरभंगुरमातृशक्ति</u>

सी] कठोर स्टील

डी] कोल्ड रोल्ड स्टील

157] आपको कांच को पीसने के लिए उपयुक्त अपघर्षक के साथ पीसने वाले पहिये का चयन करना होगा, आप किस प्रकार के घर्षण का चयन करेंगे? --------

<u>एकहीरा</u>

बी] एमरी

सी] क्वाट्र्ज

डी] सिलिकॉन कार्बाइड

158] निम्नलिखित में से कौन एक कृत्रिम अपघर्षक है?

<u>ए] सिलिकॉनकार्बाइड</u>

बी] एमरी

सी] हीरा

डी] कोरन्डम

159] कार्बाइड टिप्ड टूल को पीसने के लिए किस प्रकार के अपघर्षक का उपयोग किया जाता है?

ए] एल्यूमिनियम ऑक्साइड

बी] सिलिकॉन कार्बाइड

सी] क्यूबिक बोरॉन नाइट्रेट

<u>डी] हीरा</u>

160] 'सी' से चिह्नित पीस व्हील को अपघर्षक से बनाया जाता है ------

ए] एल्यूमिनियम ऑक्साइड

<u>बी] सिलिकॉनकार्बाइड</u>

सी] हीरा

डी] कोरन्डम

161] कार्बाइड पीसने के लिए किस प्रकार के अपघर्षक का उपयोग किया जाता है?

ए] कोरन्डम

बी] टंगस्टन कार्बाइड

<u>सी] सिलिकॉनकार्बाइड</u>

डी] एल्यूमिनियम ऑक्साइड

162] निम्नलिखित में से कौन एक प्राकृतिक अपघर्षक नहीं है?

<u>ए] सिलिकॉनकार्बाइड</u>

बी] हीरा

सी] एमरी

डी] कोरन्डम

163] भारतीय मानक के अनुसार, अनाज का आकार '46' समूह के अंतर्गत आता है --------«

एक पाठ्यक्रम

<u>बी] मध्यम</u>

सी] ठीक

डी] बहुत बढ़िया

165] एक ग्राइंडिंग व्हील को 50 A5066V7 के रूप में चिह्नित किया गया है। इसमें 50 इंगित करता है ----

ए] घर्षण धैर्य का प्रकार

सी] ग्रेड

<u>बी] अनाजकाआकार</u>

डी] संरचना

166] ग्राइंडिंग व्हील के चयन के लिए निम्नलिखित में से किस कारक पर विचार नहीं किया जाता है?

ए] जमीन की सामग्री और इसकी कठोरता

बी] स्टॉक हटाने और सतह खत्म

सी] पीसने की प्रक्रिया चाहे गीली हो या सूखी

<u>डी] पूर्वक्रांतिफ़ीड</u>

167] एक ग्राइंडिंग व्हील को 32 ए 46 एचबीवी के रूप में निर्दिष्ट किया गया है 46 नंबर क्या दर्शाता है?

प्रथम श्रेणी

<u>बी] अनाज</u>

सी] बॉन्ड

डी] संरचना

168] ग्राइंडिंग व्हील के मानक अंकन प्रणाली में, बांड को ----- में दर्शाया जाता है

ए] स्थिति 2

बी] स्थिति 3

सी] स्थिति 4

<u>डी] स्थितिएस</u>

169] ग्राइंडिंग व्हील से जुड़े शब्द AA या C हैं, जो संदर्भित करता है --------

प्रथम श्रेणी

बी] बॉन्ड

सी] घर्षण

डी] संरचना

44] बांडी

170] ग्राइंडिंग व्हील में सबसे व्यापक रूप से इस्तेमाल किया जाने वाला बंधन IS

ए] सत्यापित बांड

बी] सिलिकेट बंधन

सी] शैलैक बंधन

डी] रबड़बंधन

171] कट ऑफ व्हील में किस प्रकार के बांड का उपयोग किया जाता है?

ए] सत्यापित बांड

बी] सिलिकेट बंधन

सी] शैलैक बंधन

डी] रबरबांड

172] ग्राइंडिंग व्हील्स पर निम्नलिखित में से कौन सा बॉन्ड सबसे अधिक इस्तेमाल किया जाता है?

ए] विट्रिफाइड

बी] रबड़

सी] शैलैक

डी] सिलिकेट

173] पारंपरिक रूप से रेजिनोइड बॉन्ड के लिए इस्तेमाल किया जाने वाला प्रतीक ------------- है

ए] वी।

बी] आर

सी] बी

डे

174] पारंपरिक रूप से रेजिनोइड बॉन्ड के लिए इस्तेमाल किया जाने वाला प्रतीक ---- है

ए] वी

बी] आर

सी] बी

डे

175] निम्न में से कौन सा विट्रिफाइड बॉन्ड की विशेषता नहीं है

ए] उच्च छिद्र और ताकत फिर से

बी] कमरे के तापमान पर तेल, एसिड और पानी के खिलाफ प्रतिक्रिया का विरोध करने की क्षमता

सी] तेजीसेकाटनेकीक्रिया

डी] स्टॉक हटाने की उच्च दर

176] 90 सेमी से अधिक आकार वाले पहियों को पीसने के लिए, निम्नलिखित में से कौन सी मोल्डिंग प्रक्रिया या बॉन्ड को प्राथमिकता दी जाती है?

ए] विट्रिफाइड

बी] सिलिकेटप्रक्रिया

सी] शैलैक प्रक्रिया

डी] रबड़ प्रक्रिया

177] आदर्श ग्राइंडिंग खराब हो जाएगी ---------

ए] जैसे-जैसेअपघर्षककणसुस्तहोजातेहैं

बी] एक पूर्व निर्धारित दर पर

सी] धीरे-धीरे पैसे बचाने के लिए

डी] बेहतर फिनिश देने के लिए फास्ट

178] पीसने वाले पहिये में, अनाज को स्थिति में रखने वाले बंधन की ताकत को कहा जाता है

प्रथमश्रेणी

बी] अनाज

सी] बॉन्ड

डी] संरचना

179] निम्न में से कौन पहियों के मध्यम ग्रेड का प्रतिनिधित्व करेगा?

ए] टीटीओजेड

बी] एटोजी

सी] LtoO

डी]पीटीओएस

180] ग्राइंडिंग व्हील में अपघर्षक दानों के बीच मौजूद बंधन की मात्रा कहलाती है

प्रथम श्रेणी

बी] अनाज

सी] बॉन्ड

डी] संरचना

181] निम्नलिखित में से किस प्रकार का पहिया स्वतंत्र रूप से मशीन करेगा?

ए] संरचित बंद करें

बी] खुलासंरचित

सी] क्रॉस संरचित

डी] ये सभी

182] पीसने में, सतह की गति (काटने की गति) को में व्यक्त किया जाता है

ए] मिमी/मिनट

बी] मिमी/सेकंड

सी] मी/मिनट

डी] मी/सेकंड

188] गहराई माइक्रोमीटर की न्यूनतम संख्या है

ए] 0.5 मिमी

बी] 0.2 मिमी

सी] 0.001 मिमी

डी] 0.01 मिमी

189] कौन सी एक सटीक पीसने की मशीन नहीं है?

ए] सतह पीसने की मशीन

बी] बेलनाकार पीसने की मशीन

सी] ऑफोहैंडपीसनेकीमशीन

डी] उपकरण और कटर पीसने की मशीन

190] निम्नलिखित में से कौन सबसे अधिक इस्तेमाल की जाने वाली प्रेसिजन ग्राइंडिंग मशीन है?

ए] भूतल ग्राइंडर

बी] टूल कटर ग्राइंडर

सी] बेलनाकार ग्राइंडर

डी] येसभी

191] सरफेस ग्राइंडिंग मशीन टेबल स्लाइड ----------

ए] 'टी' __ 5.0.:

बी] 'वी' स्लॉट

सी] 'यू' स्लॉट

डी] रेडियल स्लॉट

192] सरफेस ग्राइंडर का उद्देश्य है

ए] घुमावदार सतह का उत्पादन करें

बी] सपाटसतहोंकाउत्पादनकरें

सी] बेलनाकार सतह का उत्पादन करें

डी] असमान सतह का उत्पादन करें

195] बेलनाकार पीस का उत्पादन किया जा सकता है .....

ए] सादा, सिलेंडरऔरकदमरखा

बी] योजना, पतला और सिलेंडर

सी] सिलेंडर, पतला और कदम रखा

196] गियर दांत, धागे और स्प्लिंड शाफ्ट पीसने के लिए निम्नलिखित में से कौन सा पीसने का कार्य पसंद किया जाता है --------

ए] सतह पीस

बी] फॉर्मपीस

सी] बाहरी बेलनाकार ग्राइंडर

डी] आंतरिक चक्की

197] लैपिंग कंपाउंड मैटेरियल ---------- होता है

ए] रेत का पत्थर

बी] हीरा

सी] क्वाट्र्ज

डी] कोरन्डम

198] सतह पीसने वाली मशीन द्वारा कभी-कभी दोषपूर्ण कार्य सतह का उत्पादन किया जाता है, वर्कपीस पर बकबक के निशान के क्या कारण हो सकते हैं?

ए] गलतड्रेसिंग

बी] शीतलक फिल्टर पंचर

सी] बहुत ज्यादा पीसने वाली गर्मी

डी] पर्याप्त ड्रेसिंग

199] पीसकर वर्कपीस का रंग फीका पड़ना या जलना __________ के कारण होता है।

ए] व्हील स्पिंडल पर कंपन

बी] पहिया की अनुचित ड्रेसिंग

सी] अपर्याप्त शीतलक

डी] कामकीसतहऔरपहियाकेचेहरेकेबीचबहुतअधिकघर्षण

200] चमकता हुआ पहिया परिणाम . में होता है

ए] खराब सतह खत्म

सी] जमीन की सतह का जलना

बी] अधिक गर्मी उत्पन्न

डी] येसभी

201] जब मूल आयाम के एक पक्ष में सहनशीलता दी जाती है तो उसे -------- कहते हैं

ए]। सहिष्णुता प्रणाली

बी] एकतरफासहिष्णुता

सी] द्विपक्षीय सहिष्णुता

डी] भत्ता प्रणाली

202] एक आयाम को इस प्रकार बताया गया है (एक ड्राइंग में 025 एच7। निचली सीमा है -----------

ए] 24.75 मिमी

बी] 24.85 मिमी

<u>सी] 25.00 मिमी</u>

डी] 25-021 मिमी

203] एक घटक के आयामों का मापा आकार जिसे ---------- कहा जाता है

ए] मूल आकार

बी] नाममात्र का आकार

सी] अनुमत आकार

<u>डी] वास्तविकआकार</u>

204] ड्राइंग में शाफ्ट के आयाम 40i 0068/0042 दिखाए गए हैं, जो सहनशीलता के भीतर शाफ्ट का आकार है?

ए] 4.0.64 मिमी

बी] 40.042 मिमी

सी] 40,000 मिमी

<u>डी] 39.98 मिमी</u>

205] होल बेसिक सिस्टम में ----------

ए] शाफ्ट का आकार स्थिर बना दिया जाता है

<u>बी] छेदकाआकारस्थिरबनादियाजाताहै</u>

सी] केवल 'भत्ता छेद पर दिया जाता है'

डी] छेद और शाफ्ट पर अनुमेय सहिष्णुता दी गई है

206] एक घटक का आकार 24-0.1 के रूप में दिया गया है। -O.1 क्या दर्शाता है? _

ए] ऊपरी विचलन + 0.1 मिमी है।

बी] निचला विचलन 0.0 मिमी . है

सी] मौलिक विचलन 0.0 मिमी . है

<u>डी] निचलाविचलन _0.1 मिमी . है</u>

207] छेद की सहनशीलता ------- के बीच का अंतर है

ए] अधिकतम छेद आकार और अधिकतम शाफ्ट आकार

<u>बी] अधिकतमछेदआकारऔरअधिकतमछेदआकार:</u>

सी] न्यूनतम 'छेद आकार और अधिकतम शाफ्ट आकार'

डी] न्यूनतम छेद आकार और न्यूनतम शाफ्ट आकार

208] एक छिद्र जिसका निचला विचलन शून्य होता है, मूल छिद्र कहलाता है। निम्नलिखित में से कौन सा अक्षर मूल छिद्र को इंगित करता है? .

ए] ई

बी] एफ

सी] जी '

<u>डी] हो</u>

209] किसका ऊपरी विचलन शून्य है?

<u>ए] बासकदस्ता</u>

बी] मूल छेद

सी] सहिष्णुता

डी] निकासी

210] शाफ्ट पर लगी बॉल बेयरिंग किस प्रकार की फिट होती है? ,

ए] क्लीयरेंस फिट

<u>बी] ड्राइविंगफिट</u>

सी] संकोचन फिट

डी] उपरोक्त में से कोई नहीं

211] बड़े पैमाने पर उत्पादन में इंटरचेंज क्षमता हासिल करने के लिए निम्नलिखित में से कौन सा महत्वपूर्ण कारक आवश्यक है? .

ए] ज्यामितीय सटीकता।

बी] मानकीकरण

<u>सी] आयामीसटीकता</u>

डी] सतह खत्म

212] सीमा और फिट की बीआईएस प्रणाली में, सहिष्णुता के ग्रेड को संख्या प्रतीकों द्वारा दर्शाया जाता है और ---------- i होते हैं।

ए] सहिष्णुता के 14 ग्रेड बी] सहिष्णुता के 16 ग्रेड

<u>सी] सहिष्णुताके 18 ग्रेड '</u>

डी] सहिष्णुता के 20 ग्रेड

213] एक उत्पाद को गुणवत्ता वाला कहा जाता है जब ....

ए] इसका आकार और आयाम सीमा के भीतर हैं

<u>बी] यहउपयोगकेलिएउपयुक्तहै</u>

सी] यह बहुत अच्छा प्रतीत होता है

डी] सामग्री का चुनाव सही है

limit fit
tolerance.png

214] होल’30 +0.021, 0.000 और शाफ्ट 30 -0.110, 0.143 के बीच आवश्यक अधिकतम निकासी है।

ए] 0.110 मिमी ‘

बी]0.131 मिमी

सी] 0.164 मिमी

डी] 0.143 मिमी

215] एक ड्राइंग में एक आयाम 25 .1002 मिमी बताया गया है। सहनशीलता क्या है?

ए] +0.02 मिमी’

बी] +0.04 मिमी

सी] -0.02 मिमी

डी] 25.00 मिमी

216] एक छेद में एक पिन लगाई जाती है। पिन का टॉलरेंस ज़ोन पूरी तरह से होल के ऊपर होता है। प्राप्त फिट होगा?

ए] क्लीयरेंस फिट

बी] संक्रमण फिट

सी] हस्तक्षेपफिट

डी] रनिंग फिट

217] आम तौर पर इंटरचेंज क्षमता के लिए आवेदन किया जाता है? _

ए] भागों की मरम्मत

बी] बड़ेपैमानेपरउत्पादन

सी] एकल टुकड़ा उत्पादन

डी] ये सभी

218] भाग के आकार को सहनशीलता दी जाती है ....

ए] आवश्यकअनुमेयआकारत्रुटिकेभीतरभागकाउत्पादन

बी] उत्पादन बढ़ाएँ

सी] उत्पादन घटाएं

डी] घटकों को लगभग समाप्त करें

219] निम्नलिखित में से कौन सा क्लीयरेंस संपूर्ण बुनियादी प्रणाली के अंतर्गत फिट बैठता है?

ए] 20 एच7/पी6‘

बी] 2067/211

सी] ज़ोग / जीएल।

डी] 20 एच / जी 11।

220] बीआईएस प्रणाली के अनुसार फिट के तीन वर्ग हैं .... ~।

ए] क्लीयरेंसफिट, इंटरफेरेंसफिटऔरट्रांजिशनफिट

बी] मध्यम फिट, पुश फिट और टाइट फिट

सी] फ्लैट फिट, गोल फिट और स्क्वायर फिट

डी] ’स्लाइडिंग फिट‘, लूज फिट और सिकुड़न फिट

221] निम्नलिखित सहिष्णुता विनिर्देशों में से किस एक का अधिकतम आयाम 20 मिमी से कम है?

ए] 20 +0.2,-0.3

बी] 20 320.2

सी] 20 -0.2, 0.3 ई

डी] एम 20 +500, ~ 03

222] अधिकतम और न्यूनतम सीमा के बीच अंतर है -~-~~~~~-~~~~ ’

ए] एकल मुखबिर

बी] मूल शाफ्ट

सी] निकासी

डी] सहिष्णुता

223] झाड़ी में स्वतंत्र रूप से चलने वाला एक शाफ्ट 55 फिट के प्रकार का होता है

ए] क्लीयरेंस फिट

बी] ड्राइविंग प्लेट

सी] संकोचनफिट

डी] उपरोक्त में से कोई नहीं

224] ड्रम जिग बुशिंग- आम तौर पर ------------- के लिए कठोर होते हैं।

ए] माइल्ड स्टील

बी] कच्चा लोहा

सी] कास्ट स्टील

डी] टूईस्टील

Jig Fixture.png

225] जिग्स वह उपकरण है जो -------------

ए] काम के टुकड़े का पता लगाएँ

बी] वर्क पीस को पकड़ना और सपोर्ट करना

सी] काटने के उपकरण का मार्गदर्शन करें

डी] उपरोक्तसभीकरताहै

226] निम्नलिखित में से किस जिग्स का उपयोग बोर से आबंटन के लिए किया जाता है?

ए] प्लेट जिगो

बी] ठोस जिगो

सी] जिगोपोस्टकरें

डी] बॉक्स जिगो

Jig Fixture.png

227] स्थिरता एक उत्पादन उपकरण है जो --------

ए] कामकेटुकड़ेकोपकड़ताहैऔरउसकापतालगाताहै

बी] टुकड़ा रखता है

सी] काम के टुकड़े को चैट करता है,

D] न तो धारण करता है और न ही। काम के टुकड़े का पता लगाता है

228] निम्नलिखित में से किसका उपयोग उपकरण को निर्देशित करने और बड़े पैमाने पर उत्पादन में नौकरी रखने के लिए किया जाता है? '

ए] गेज।

बी] आवास

सी] स्थिरता

डी] जिगो

229] ड्रिल जिग में प्रोई/इडिंग बुशिंग का उद्देश्य निम्नलिखित में से क्या है?

ए] सटीकड्रिलिंगऑपरेशनकेलिएड्रिलकासटीकपतालगानेऔरड्रिलकामार्गदर्शनकरनेकेलिए

बी] ड्रिल किए जाने वाले छेद के आकार को निर्धारित करने के लिए

सी] आसान ड्रिलिंग के लिए

डी] ड्रिल किए गए छिद्रों में अच्छी तैयार सतह प्राप्त करने के लिए

230] ड्रिल जिग का उपयोग किसके लिए किया जाता है? _,

ए] केवल ड्रिल संचालन।

बी] ड्रिलिंगकेलिएनौकरीदबाना

सी] ड्रिलिंग, रीमिंग, टैपिंग और अन्य संचालन

डी] केवल टूल्स का मार्गदर्शन करना

231] निम्नलिखित में से किस जिग्स में ड्रिल प्लेट होती है, जो ड्रिल किए जाने वाले घटक पर टिकी होती है? . . . .

ए] ठोस जिग।

बी] प्लेटजिग।

सी] बॉक्स जिगो

डी] ट्रुनियन जिगो

232] जिग एक उपकरण है जो -----------

ए] वर्कपीस का पता लगाता है।

बी] वर्कपीस और गाइड टूल को पकड़ें और सपोर्ट करें

सी] काटने के उपकरण का मार्गदर्शन करता है

डी] काटनेकेउपकरणकोपकड़ो।

233] ड्रिल जिग का उपयोग .... के लिए किया जाता है

ए] ड्रिलिंग, रीमिंग, टैपिंगऔरअन्यसंबद्धसंचालन

बी] केवल ड्रिलिंग ऑपरेशन

सी] ड्रिलिंग करते समय नौकरी दबाना

डी] केवल उपकरण का मार्गदर्शन करना

234] स्थिरता एक उत्पादन उपकरण है जो ----------: -----

ए] वर्क पीस रखती है'

बी] काम के टुकड़े का पता लगाएँ

सी] कामकेटुकड़ेकोपकड़ताहैऔरढूंढताहै

D] वर्कपीस को न तो पकड़ता है और न ही ढूंढता है

235] निम्नलिखित में से कौन सा कथन सही है?'

ए] गेजकाउपयोगआकारकीजांचकेलिएकियाजाताहै

बी] आकार को चकने के लिए टेम्पलेट का उपयोग किया जाता है

सी] गेज का उपयोग आकार मापने के लिए किया जाता है

डी] गेज का उपयोग घटक के आकार की जांच के लिए किया जाता है

236] सेक्शन में गेज को किस मानक तापमान पर रखा जाता है?

ए] 100 सी

बी] 20 डिग्रीसेल्सियस

सी] 100 एफ

डी] 20 डिग्री फारेनहाइट

Slip Gauge.png

237] वर्कशॉप में आमतौर पर किस ग्रेड के स्लिप गेज का इस्तेमाल किया जाता है?
ए] ग्रेड 0
बी] ग्रेड एल
सी] ग्रेड एच
डी] ग्रेड 0
238] भारतीय मानकों के अनुसार एक विशेष सेट गेज का उपयोग किया जाता है जिसमें
ए] 81 टुकड़े
बी] 112 टुकड़े
सी] 120 टुकड़े
डी] 130 टुकड़े
239] संदर्भ गेज की सटीकता है
ए] 0.05 मिमी
बी] 0.01 मिमी
सी] 0.001।
डी] 0.0001 मिमी
240] स्लिप गेज पर चींटी की गड़गड़ाहट के मामले में, इसे द्वारा हटा दिया जाना चाहिए
ए] भरना
बी] लैपिंग
सी] स्क्रैपिंग
डी] पीस
241] स्लिप गेज की कठोरता कितनी होनी चाहिए?
ए] 63 सेअधिकएचआरसी
बी] 58 एचआरसी
सी] 55 एचआरसी
डी] 50 एचआरसी

242]--------------- स्लिप गेज का उपयोग 0.01 मिमी की सटीकता के भीतर घटक की जाँच के लिए किया जाता है।

ए] कार्यशालागेज

बी] निरीक्षण गेज

सी] संदर्भ गेज

डी] रिंग गेज

243], ------------ का उपयोग सटीक उपकरण की सटीकता की जांच के लिए किया जाता है।

ए] गेजब्लॉक

बी] फादर गेज

सी] साइन बार

डी] प्लग गेज

244] सटीकता सुनिश्चित करने के लिए उपयोग करने से पहले स्लिप गेज को साफ किया जाता है। इसके लिए आप किस माध्यम का प्रयोग करेंगे।

ए] तेल

बी] पतला

सी] कार्बनटेट्राक्लोराइड / सफेदपेट्रोल

डी] तारपीन का तेल

245]समान घटकों की आयामी सटीकता की जांच करने के लिए, एक डायल परीक्षण संकेतक t 6 आकार के लिए सेट किया गया है और एक तुलनित्र के रूप में उपयोग किया जाता है। डायल टेस्ट इंडिकेटर पर सेट करने के लिए आप किसका उपयोग करेंगे?

ए] डायल टेस्ट इंडिकेटर

बी] टीटर गेज

सी] पर्चीगेज

डी], सतह गेज

246] एक साइन बार उसके शरीर पर समान रूप से चार या पांच छेदों के साथ बनाया जाता है। इन छेदों का उद्देश्य है

ए] साइनबारकोआसानीसेसंभालें

बी] पाप बार का वजन कम करें

सी] साइन बार की ऊपरी सतह के विरूपण को रोकें

D] साइन बार को अच्छा लुक दें

Sine Bar.png

247] एक साइन बार का उपयोग के लिए किया जाता है

ए] छिद्रों के व्यास को मापना '

B] टेपरजॉबकाकोणज्ञातकरना

सी] ड्रिलिंग के लिए नौकरी को समतल करना

डी] एक थ्रेड की प्रोफाइल चकिंग

248] साइन बार का उपयोग करके कोणों को मापने के लिए स्लिप गेज की ऊंचाई और कोण के अनुपात के अनुसार बनाया गया कोण

ए] साइनबारकीऊंचाई

बी] संख्या पर्ची गेज

सी] साइन बार की लंबाई

डी] साइन बार की चौड़ाई

249] ----------- 1 की सटीकता के भीतर कोण की जांच के लिए प्रयोग किया जाता है।

ए] गेज

बी] साइनबार

सी] मंदिर

डी] टेलीस्कोपिक गेज

250] अगर साइन बार हैं तो संपर्क रोलर्स और डेटम सतह की केंद्र रेखा

ए] वही लाइन ''

बी] समानांतर

सी] झुका हुआ

डी] लंबवत

251] साइन बार - से बना होता है।

ए] उच्च कार्बन स्टील

बी] स्थिरक्रोमियमस्टील '

सी] हाई स्पीड स्टील

डी] निकल स्टील

252] एल = 200 मिमी की लंबाई वाली एक साइन बार का उपयोग वर्क पीस के कोण को सही ढंग से जांचने के लिए किया जाता है। जांचा जाने वाला कोण: 250 स्लिप गेज की ऊंचाई 'एच' की गणना करें?

ए] 84.54 मिमी

बी] 83.52 मिमी

सी] 81.81 मिमी

डी] 85.52 मिमी

253] एक समायोज्य स्नैप में। गेज, दो समायोज्य जबड़े प्रदान किए जाते हैं। ।

ए] दोनों पक्ष

बी] एकतरफ

सी] प्रत्येक पक्ष में एक

डी] इनमें से कोई नहीं

254] ------------ नौकरी के बाहरी आयामों की जाँच के लिए प्रयोग किया जाता है।

ए] रिंग गेज

बी] स्नैपगेज

सी] प्लग गेज

डी] पेंच पिच गेज

255] फिक्स्ड टाइप स्नैप गेज में "गो एंड नो गो" एंड होता है

ए] दोनों पक्ष

बी] दोनों तरफ

सी] एकहीतरफ

डी] अलग से

256] "गो एंड नो गो" का आकार 25 h7 स्नैप गेज का होना चाहिए -'

ए] 24.977 मिमी (गो] और 25.002 मिमी (नं 60)

बी] 25.002 मिमी (गो] और 24.977 मिमी (नंबर 60)

सी] 24.998 मिमी (गो] और 25.023 मिमी (नहीं जाओ)

डी] 25.023 मिमी (गो] और 24.998 मिमी (नंबर 60)

257] वर्गाकारता में त्रुटि का सही-सही निर्धारण किया जा सकता है –

ए] स्क्वायर और स्लिप गेज आज़माएं

बी] स्क्वायरऔरफीलरगेजकाप्रयासकरें

सी] सिलेंडर स्क्वायर और स्लिप गेज

डी] ट्राई स्क्वायर का बेवेल्ड किनारा

258] संभोग भागों के बीच की निकासी .... द्वारा मापी जाती है

ए] डायल गेज

बी] "गो" गेज

<u>सी] फीलरगेज</u>

डी] कैलिपर गेज

259] --------------- घटक के आकार की जाँच के लिए प्रयोग किया जाता है

<u>टेम्पलेट</u>

बी] स्नैप गेज

सी] उपकरण

डी] साइन बार

260] अपघर्षक .... में वर्गीकरण हैं

<u>ए] दोप्रकार</u>

बी] तीन प्रकार

ग] एक प्रकार

डी] चार प्रकार

261] घर्षण से बने ग्राइंडिंग व्हील्स अपने फ्री और कूल कटिंग एक्शन के कारण सबसे आम हैं।

<u>ए] एल्यूमिनियमऑक्साइड</u>

बी] सिलिकॉन ऑक्साइड

सी] अमोनियम ऑक्साइड

डी] कार्बाइड।

262] निम्नलिखित में से किस अपघर्षक का उपयोग ज्यादातर गैर-धातु सामग्री को काटने के लिए पहियों को काटने के लिए किया जाता है?

ए] एल्यूमिनियम ऑक्साइड

<u>बी] सिलिकॉनकार्बाइड</u>

सी] हीरा

डी] उपरोक्त में से कोई नहीं

263] टंगस्टन कार्बाइड टूल इंसर्ट को पीसने के लिए किस अपघर्षक कण का उपयोग किया जाता है?

<u>ए] सिलिकॉनकार्बाइड</u>

बी] ए|203

सी] हीरा

डी] कोरन्डम

264] निम्नलिखित में से कौन सा प्राकृतिक अपघर्षक है?

ए] एल्यूमिनियम ऑक्साइड

बी] सिलिकॉन

सी] बोरॉन कार्बाइड

डी] कोरन्डम

265] निम्नलिखित में से कौन सा निर्मित अपघर्षक है?

ए] कोरन्डम।

बी] क्वार्ट्ज

सी] सिलिकॉन

डी] एमरी

266] स्टील की फिटिंग को पीसने के लिए किस अपघर्षक कण का उपयोग किया जाता है?

ए] सिलिकॉन कार्बाइड

बी] एल्यूमिनियमऑक्साइड

सी] हीरा।

डी] बोरॉन ऑक्साइड

267] कंक्रीट के पत्थर और चिनाई को काटने के लिए किस प्रकार के अपघर्षक कट ऑफ व्हील का उपयोग किया जाना चाहिए?

ए] सिलिकॉन

बी] अल 203

सी] डायमंडग्रिट

डी] ग्लास

268] एल्यूमिनियम ऑक्साइड व्हील पीसने के लिए प्रयोग किया जाता है -------------

ए] कच्चा लोहा

बी] सीमेंटेड कार्बाइड।

सी] एचएसएस '

डी] सिरेमिक

269] AIZO3 ग्राइंडिंग व्हील के बारे में कौन सा कथन गलत है ....

ए] यहसिलिकॉनसेकमकठिनहै

बी] यह कठोर स्टील, कठोर कांस्य स्टील बिलेट आदि को पीसने के लिए उपयुक्त है।

सी] लेफ्टिनेंट उच्च तन्यता ताकत सामग्री के लिए उपयुक्त है

D] यह सिलिकॉन की तुलना में कम कठोर होता है

270] इत्तला दे दी गई टूल की ऑफहैंड ग्राइंडिंग के लिए उपयुक्त डायमंड व्हील का बॉन्ड .... है।

ए] रेजिनोइड

बी] विट्रिफाइड

सी] शैलैक

डी] धातु

271] निम्नलिखित में से कौन सा बांड आमतौर पर प्रयोग किया जाता है?

ए] विट्रिफाइडबॉन्ड '

बी] रबड़ बंधन

सी] शैलैक बंधन

डी] सिलिकेट बंधन

272] रेजिनोइड .बॉन्ड के लिए पारंपरिक रूप से इस्तेमाल किया जाने वाला प्रतीक ~~~~~~~ . है

ए] वी

बी] आर एफ

सी] बी

डे

273] पीसने के अभ्यास में "ग्रेड ऑफ व्हील" शब्द का अर्थ ------------- है।

ए] प्रयुक्त अपघर्षक की कठोरता

बी] पहियाकेबंधनकीताकत

सी] व्हील 0 एफ समाप्त करें

डी] काम के टुकड़ों की कठोरता

274] पहियों को काटने में किस बंधन का प्रयोग किया जाता है?

एक रबर

बी] विट्रिफाइड

सी] रेसिरजॉइड

डी] शैलैक

275] ग्राइंडिंग व्हील की कठोरता __________ द्वारा निर्धारित की जाती है

ए] प्रतिरोधकिया।तनावपीसनेकेखिलाफबंधनद्वारा

बी] घर्षण अनाज की कठोरता

सी] बंधन की कठोरता

डी] प्रवेश करने की क्षमता

276] जब ग्राइंडिंग व्हील को बहुत तेज गति से सुरक्षित रूप से चलाने की आवश्यकता होती है, तो किस बंधन का उपयोग किया जाना चाहिए? "

ए] विट्रिफाइड

बी] शैलैक

सी] सिलिकेट

डी] रेजिनॉयड' औररबर

277] सतह पीसने में सामान्य प्रयोजन सतह पीसने के लिए पीसने वाले पहिये के अनाज के आकार की उपयुक्त सीमा क्या है?

ए] 20 से 36

बी] 46 से 60

सी] 80 से 120

डी] 150 से 300

278] भारतीय मानक के अनुसार, अनाज '46'। "w" के समूह के अंतर्गत आता है। -----

ए] मोटे

बी] मध्यम

सी] ठीक

डी] बहुत बढ़िया

279] ग्राइंडिंग व्हील में प्रयुक्त अपघर्षक का ग्रिट आकार आमतौर पर ---------- द्वारा निर्दिष्ट किया जाता है

ए] कठोरता संख्या

बी] पहिया का आकार

सी] घर्षण की कोमलता या कठोरता

डी] मेषसंख्या

280] ग्राइंडिंग व्हील में उन्नत संरचना ....'

ए]'भारी कटौती

बी] तन्यसामग्री

सी] कठोर सामग्री

डी] फिनिशिंग कट।

281] एक पीसने वाला पहिया चिह्नित है: 51 ए46एल5 वी~23। खुराक 5 क्या दर्शाता है?

ए] बंधन का प्रकार।

बी] संरचना।

सी] घर्षण की तरह।

डी] अनाज का आकार।

282]--------------- चक्के का प्रयोग मुख्य रूप से रफ ग्राइंडिंग के लिए किया जाता है?

.

ए] सिलेंडर

बी] पतला

सी] सीधे

डी] डिशो

283] .... का उपयोग मुख्य रूप से मिलिंग कटर और रीमर को तेज करने के लिए टूल और कटर ग्राइंडर पर किया जाता है

ए] सीधे कप

बी] हारिंगकप

सी] डिशो

डी] दोनों पक्षों को रिकवर किया

284] सरफेस ग्राइंडिंग ऑपरेशन में कार्यरत ग्राइंडिंग व्हील को ------------- के रूप में वर्गीकृत किया गया है

ए] सादापीसनेवालापहिया

बी] कप व्हील '

C] ग्राइंडिंग पॉइंट'

डी] डिश या तश्तरी का पहिया

285] -------------मुख्य पीसने के कार्य हैं।

ए] 2

बी 4

सी] 6

डी] 5

286] ग्राइंडिंग व्हील्स से जुड़े शब्दों की सूची नीचे दी गई है जो पहिया में अनाज के अंतर का वर्णन करते हैं

संरचना

बी ग्रेड

सी] बीओएचडी

डी] ये सभी

287] ग्राइंडिंग के बारे में कौन सा कथन गलत है?

ए] नरम सामग्री काटने के लिए, कठोर पहिया का उपयोग किया जाता है

B] कठोरसामग्रीकोकाटनेकेलिएकठोरपहियेकाप्रयोगकियाजाताहै

सी] नरम सामग्री के लिए सूखी स्थिति की आवश्यकता होती है।

डी] कठोर सामग्री को पीसने के लिए गीली स्थिति की आवश्यकता होती है

288] ग्राइंडिंग ऑपरेशन, उपयोग की जाने वाली नरम सामग्री को पीसने के लिए किस ग्रेड का उपयोग किया जाता है ....

ए] नरम ग्रेड

बी] मध्यम ग्रेड

<u>सी] उच्चग्रेड</u>

डी] निम्न ग्रेड

289] सख्त सामग्री को पीसने के लिए ऑपरेशन --------------

<u>ए] नरमग्रेडकाउपयोगकियाजाताहै</u>

बी] उच्च ग्रेड का उपयोग किया जाता है

सी] मध्यम ग्रेड आईएस प्रयोग किया जाता है

D] बहुत महीन ग्रेड का प्रयोग किया जाता है

290] रफिंग के लिए कट की अनुशंसित गहराई ----------mm है।

ए] 0.015 से 0.050

<u>बी] 0.015 से 0.030</u>

सी] 0.010 से 0.020

डी] 0.020 से 0.040

291] कटर पीसने के लिए हीरे के पहिये का उपयोग करते समय, 1600/मिमी की एक पहिया गति की सिफारिश की जाती है। कट की गहराई कितनी होनी चाहिए? .

<u>ए] 0.005-0.025 मिमी</u>

बी] 0.025-0.04 मिमी

सी] 0.04-0.05 मिमी

डी] 0.05-0.05 मिमी

292] अपघर्षक काटने वाली मशीनें रेजिनॉइड कटिंग ऑफ व्हील को उनकी उच्चतम दक्षता और किफ़ायती पर संचालित करने की अनुमति देती हैं। यह पहिया लगभग की गति है

ए] 5000 एम / मिनट से नीचे

<u>बी] 5000 मीटर/मिनटसेऊपर</u>

सी] 2000 मीटर/मिनट . तक

डी] 2000 से 3000 एम/मिनट

293] जैसे-जैसे वर्कपीस का व्यास घटता जाएगा, धुरी की गति (उसी काटने की गति के लिए)

ए] वही रहता है

बी] घटता है

<u>सी] बढ़ताहै</u>

डी] इनमें से कोई नहीं

294] फ़ीड को ----------------- में व्यक्त किया जाता है

<u>ए] मिमी / क्रांति</u>

बी] इंच/क्रांति

सी] सेमी / क्रांति

डी] एम / क्रांति

295] काटने की गति (V) को ------------में व्यक्त किया जाता है

<u>ए] मिमी / सेकंड</u>

बी] मिमी/मिनट

सी] मीटर/मिनट

डी] मिमी / क्रांति

296] कटिंग ऑफ व्हील का चयन करने के लिए, निम्नलिखित में से किस बिंदु पर विचार किया जाता है?

ए] स्पिंडल स्पीड टू मशीन

बी] सूखा या गीला

सी] सामग्री और स्टॉक का आकार हटाया जाना है।

<u>डी] उपरोक्तसभी</u>

297] ग्राइंडिंग व्हील, A से Z से जुड़े शब्द कठोरता के बढ़ते क्रम में हैं-

संरचना _

<u>बीग्रेड</u>

सी] बांड।

डी] अपघर्षक

298] कौन सा एक गलत कथन है?

ए] महीन पीसने वाले पहिये का उपयोग कठोर और भंगुर सामग्री को पीसने के लिए किया जाता है

बी] धातु पीसने के लिए पहले सुरक्षित पाठ्यक्रम अनाज पहिया का उपयोग किया जाता है

सी] नरम धातु पीसने के लिए, महीन अनाज का इस्तेमाल किया जाता है

<u>डी] नरमऔरनमनीयसामग्रीकोपीसनेकेलिएमोटेअनाजकेपहियेकाउपयोगकियाजाताहै</u>

299] ग्रिट, ग्रेड और संरचना यदि विशिष्ट संचालन के लिए पीस व्हील पर आधारित है

ए] पीसने की मंजूरी

बी] ग्राइंडर का स्पिंडल आकार

C] पहिए का व्यास

<u>डी] जिसगतिसेउपयोगकियाजानाहै</u>

300] गीले प्रकार के ग्राइंडर के चेहरे को पहिया और काम के बीच संपर्क की मात्रा को कम करने के लिए थोड़ा ताज पहनाया जाता है। इससे कार्बाइड टिप की संभावना कम हो जाती है --

ए] अत्यधिकगर्मीसेक्षतिग्रस्तयानष्टहोजाना

बी] तेजी से दूर होने के कारण

सी] तेजी से पहनने के कारण पहिया को नुकसान पहुंचाना

डी] अधिक गर्मी से नष्ट

301] यह बकबक के निशान, फीड स्पाइरल आदि को हटाने की अपघर्षक प्रक्रिया है –

ए]। होनिंग

बी] लैपिंग

सी] जल रहा है

डी] सुपर फिनिशिंग

302] सुपर फिनिशिंग प्रक्रिया में व्यास पर स्टॉक हटाने से है..

ए] 0.05 से 0.075 मिमी

बी] 0.005 से 0.025 मिमी

सी] 0.02 से 0.025 मिमी

डी] 0.002 से 0.05 मिमी

303] वर्कपीस कब अपघर्षक से चार्ज हो जाता है और लैप को काट देता है?

ए] काम का टुकड़ा गोद से कठिन है

बी] कामकाटुकड़ागोदसेनरमहै

सी] गोद काम के टुकड़े से नरम है

डी] गोद काम के टुकड़े की तुलना में मोटा है

304] जिस उद्देश्य के लिए लैपिंग ऑपरेशन किया जाता है ---

ए] सतह खत्म को परिष्कृत करने के लिए।

बी] फिट की गुणवत्ता में सुधार करने के लिए

सी] ज्यामितीय सटीकता में सुधार करने के लिए,

डी] उपरोक्तसभी

305] लैपिंग प्लेट पर ---------- के लिए खांचे दिए गए हैं।

ए] प्लेट के विरूपण को रोकना

बी] लैपिंगपेस्टकोबनाएरखना

सी] घर्षण को कम करना

डी] धातु-चिप्स एकत्र करता है

306] डायमंड लैपिंग के लिए निम्नलिखित सामग्री का उपयोग किया जाता है ....

ए] एच55

बी] कॉपर '

सी] एल्यूमिनियम ऑक्साइड,

डी] उच्च कार्बन स्टील

307] निम्नलिखित में से कौन-सी एक कोल्ड वर्किंग प्रक्रिया है जिसके द्वारा धातु को हटाए बिना सतह की फिनिशिंग, डायमेंशनल एक्यूरेसी और वर्क हार्डनिंग में सुधार किया जा सकता है?

ए] जलरहाहै

बी] होनिंग

सी] लैपिंग _

डी] सुपर फिनिशिंग

308] ऑनिंग प्रोसेस में, स्पिंडल की गति होती है ---' ------------

ए] लंबवतऔरपारस्परिक

बी] पारस्परिक

सी] लंबवत

डी] क्षैतिज और पारस्परिक

309] एलटी क्या प्रक्रिया को अपघर्षक छड़ी का उपयोग करके किया जाता है?

ए] लैपिंग

बी] होनिंग

सी] सुपर फिनिशिंग '

डी] जल रहा है

310] ------------- पीस व्हील के ग्लेज़िंग का कारण नहीं है

ए] सॉफ्ट व्हील के स्थान पर हार्ड व्हील

बी] अनुशंसित की तुलना में उच्च पहिया गति

सी] गंदा शीतलक

डी] अनुचितड्रेसिंग

311] ग्राइंडिंग व्हील के ग्लेज़िंग के कारणों को '........... द्वारा रोका जा सकता है।

ए] फ़ीडदरकोसहीढंगसेसेटकरना

बी] अनुशंसित गति के लिए पहिया का चयन i

C] हार्ड व्हील के स्थान पर सॉफ्ट व्हील का चयन

डी] गर्मी बदलना

312] निम्नलिखित में से कौन पीस के ग्लेज़िंग का कारण बनता है?

ए]। अनाज का आकार बहुत अच्छा

बी] पहिया कठिन है'

सी] पहिया की गति बहुत तेज है

डी] 'ए' और 'बी' दोनों

313] ग्लेज्ड या लोडेड ग्राइंडिंग व्हील का प्रभाव निम्नलिखित में से कौन सा है?

ए] पहिया के चेहरे और काम की सतह के बीच अत्यधिक काटने का दबाव

बी] अधिक गर्मी उत्पादन / "एन

सी] खराब सतह खत्म

डी] उपरोक्तसभी

314] दाने के आकार का चयन करते समय ग्लेज़िंग के कारण, उपचार --------------- है

ए] महीनदानेकेआकारकेपहियेकेस्थानपरमध्यमदानेकेआकारकेपहियेकाचयनकरें

बी] शीतलक बदलें

सी] हार्ड व्हील के स्थान पर सॉफ्ट व्हील का चयन करें

डी] अनुशंसित गति का पहिया सेट करें

315] यह देखा गया है कि यह आम है कि ए का चेहरा। नीचे दिए गए कारणों में से एक के कारण कुछ उपयोग के बाद पीसने वाला पहिया चमकदार और चिकना या चमकदार हो गया।

ए]। पहिया का घर्षण उद्देश्य के लिए उपयुक्त नहीं है

बी] अनाज का आकार बहुत मोटा है

सी] संरचना अगर पहिया बहुत खुला है। .

डी] पहियाकाग्रेडबहुतकठिनहै

316] एक ग्राइंडिंग व्हील किसके कारण चमकता है

ए] अपघर्षकअनाजपहनना

बी] बंधन पहनना

C] अपघर्षक का ब्रेक लगाना

D] पहिए का तेज होना

317] जब ग्राइंडिंग व्हील लोड हो जाता है या शीशा लग जाता है तो उन्हें -------- होना चाहिए

ए] ठीक से संतुलित

बी] कपड़ेपहने

सी] सभी तरंगों को संरेखित करें

डी] ट्रूइंग

318] स्टेप ग्राइंडिंग के लिए ग्राइंडिंग व्हील की चौड़ाई 0f होती है -------mm

ए] 3।

बी 4

सी] 5।

हे] 6

319] रिम को ~----------'~-ड्रेसर पहनाया जाता है।

ए] स्टील

<u>बी] हीरा</u>

सी] घर्षण

डी] प्राकृतिक अपघर्षक

320] सतह पीसने में, पीसने वाले पहिये में नई स्थिति को उजागर करने के लिए, हीरा बिंदु को अपनी पिछली स्थिति से ------------ में बदल दिया जाना चाहिए

ए] 50 डिग्री

बी] 90 डिग्री

सी] 180 डिग्री

<u>डी] 45 डिग्री</u>

321] ग्राइंडिंग व्हील को नियमित रूप से तैयार किया जाना चाहिए और ------------ कार्य उत्पादन

<u>ए] इम्प्रोउ</u>

बी] कम करें

सी] हानि

डी] बचें

322] ग्राइंडिंग व्हील की क्रिया में सुधार की प्रक्रिया को ....

<u>ए] ड्रेसिंगऑपरेशन</u>

बी] टर्निंग ऑपरेशन

सी] काटने का संचालन

डी] ऑपरेशन का सामना करना पड़ रहा है

323] यदि ग्राइंडिंग व्हील्स संतुलित नहीं हैं तो इससे सतह पर -------- निशान खराब हो जाएंगे।

<u>ए] चटर्जी</u>

बी] रेखा

सी] डेंट

डी] लुप्त होती

324] संतुलित ग्राइंडिंग व्हील के साथ पीसने से आवश्यक प्राप्त करना संभव हो जाएगा -----------

<u>ए] सतहखत्मकेसाथआयामीसटीकता</u>

बी] बिछाने का पैटर्न

सी] स्थिति सहिष्णुता सतह केवल खत्म

डी] स्थितीय सहिष्णुता

325] पहिया का संतुलन किसके लिए किया जाता है?

ए] पहिया के दो किनारों को समानांतर बनाएं

बी] बोर के साथ बाहरी व्यास को गाढ़ा करें

<u>सी] पहियाकीहरस्थितिमेंवजनकोबराबरकरें</u>

डी] इनमें से कोई नहीं

326] दोषपूर्ण कार्य सतह (बकबक के निशान) कभी-कभी सतह पीसने वाली मशीन द्वारा उत्पन्न होते हैं, इसके क्या कारण हो सकते हैं? ----- 1

<u>ए] गलतड्रेसिंग '</u>

बी] कूलेंट फिल्टर पंचियर

सी] बहुत ज्यादा पीसने वाली गर्मी

डी] उपरोक्त में से कोई नहीं

327] पीसकर काम के टुकड़े पर चटकारे के निशान ----- के कारण होते हैं

ए] अपर्याप्त शीतलक

<u>बी] व्हीलस्पिंडलपरकंपन</u>

सी] काम की सतह और चेहरे के पहिये के बीच बहुत अधिक घर्षण

डी] पीसने वाले पहिये के काटने वाले चेहरों को बहाल करने का कार्य

328] सतह पीसने वाली मशीन द्वारा कभी-कभी दोषपूर्ण कार्य सतह का उत्पादन किया जाता है। यादृच्छिक खरोंच का क्या कारण हो सकता है? मैं

ए] गलत ड्रेसिंग

बी] मशीन में कंपन

सी] बहुत ज्यादा पीसने वाली गर्मी।

<u>डी] शीतलकफिल्टरपंचर</u>

329] ग्राइंडिंग व्हील में दरार किसके कारण विकसित होती है?

ए] गर्मी का उत्पादन

<u>बी] उच्चगति</u>

सी] धीमी गति

डी] कड़ी मेहनत

330] पेडस्टल ग्राइंडर का उपयोग ----------- के लिए किया जाता है

<u>ए] हैवीड्यूटीवर्क</u>

बी] लाइट ड्यूटी वर्क

सी] मध्यम कार्य

डी] भारी और हल्का कर्तव्य कार्य

331] ऑफहैंड ग्राइंडर को ---------- ग्राइंडर में फिट किया जाता है

एक सतह

बी] पेडस्टल

सी] बेलनाकार

डी] ड्रिलिंग'

332] बेंच ग्राइंडर का उपयोग .... के लिए किया जाता है

ए] हैवी ड्यूटी वर्क

बी] भारी और हल्का कर्तव्य कार्य

सी] लाइटड्यूटीवर्क

डी] झाग का काम

333] बेंच ग्राइंडर एक .... पर लगे होते हैं।

ए] बेस

बी] टेबल।

सी] व्हील गार्ड

डी] कन्वेयर

334] भूतल पीसने की मशीन और उसमें रखे हुए उपकरण -141i पारस्परिक कार्य के साथ एक सीधा पहिया काम की सतह पर ----------- ठीक उत्पादन करेगा

ए] सीधीरेखाएं

बी] घुमावदार रेखाएं

सी] केंद्रित रेखाएं।

डी] रेडियल लाइन

335] एक कप व्हील पारस्परिक रूप से उत्पादन करेगा ---------------

ए] घुमावदाररेखाएं

बी] रेडियल लाइन

सी] संकेंद्रित रेखाएं

डी] सीधी रेखाएं

336] --------- मशीन के अन्य सभी भागों का समर्थन करते हैं।

ए] सैडल

बी] टेबल

सी] बेस

डी] कॉलम

337] ------------- सबसे अधिक इस्तेमाल किया जाने वाला वर्क होल्डिंग डिवाइस है

ए] चुंबकीयचक

बी] जबड़ा

सी] क्लैंप

डी] वाइस

338] बेलनाकार ग्राइंडिंग ऑपरेशन में ग्राइंडिंग व्हील की तुलना में काम हमेशा पर घुमाया जाता है

<u>ए] धीमीगति</u>

बी] तेज गति

सी] वही गति

डी] 100 आरपीएम अधिक

339] एक सार्वभौमिक बेलनाकार ग्राइंडर पर केंद्र के बीच लगे लंबे शाफ्ट की पूरी लंबाई पर थोड़ा सा टेपर, ... द्वारा ग्राउंड किया जा सकता है। ......

ए] टेल स्टॉक को ऑफसेट करना

<u>बी] टेबलकोउसकेआधारपरघुमाना</u>

सी] काम के टुकड़े को घुमाना।

डी] व्हील हेड को घुमाना

340] सेंटर टाइप बेलनाकार ग्राइंडिंग ऑपरेशन में जब वर्क को सेंटर के बीच में रखा जाता है तो वर्क किसके द्वारा घुमाया जाता है -----------

ए] हेड स्टॉक स्पिंडल में एक लाइन या घूर्णन केंद्र का उपयोग करना

बी] विनियमन पहिया की घर्षण ड्राइव

<u>सी]</u>

<u>खरादपरकेंद्रकेबीचघुड़सवारकामकोघुमानेकेलिएइस्तेमालकीजानेवालीएकहीसामान्यविधि</u>

D] स्वयं पहिए की गति

341] सिलिकॉन कार्बाइड उपकरण जमीन हो सकते हैं --------

ए] गीला

बी] सूखा

<u>सी] यातो (ए] या (बी) ‘</u>

डी] न तो (ए) और न ही (ए)

342] ग्राइंडिंग व्हील को कूलेंट से मोड़ा जाता है ताकि ~----------

ए] चिप्स निकालें

<u>बी] गर्मीनिकालें</u>

सी] पहिया साफ करें

डी] स्वच्छ मशीन

343] एक माइक्रोन ----------mm . के बराबर होता है

ए] 0.1

<u>बी] 0.001</u>

सी] 1

डी] 0.01

344] ------------- COFFEC'E आयाम है जब माइक्रोमीटर 45.54 मिमी मापता है, यदि इसमें 0.02 मिमी की नकारात्मक त्रुटि है

ए] 45.58 मिमी

बी] 45 54 मिमी

सी] 45.56 मिमी

डी] 45.53 मिमी।

Out Side
Micrometer.png

345] जब एविल और स्पिंडल के फलक एक दूसरे को स्पर्श करते हैं यदि स्लीव स्केल का शून्य थिम्बल स्केल के शून्य के साथ मेल खाता है, तो इसे ----------- कहा जाता है

ए] सकारात्मक त्रुटि

बी] नकारात्मक त्रुटि

सी] शून्य त्रुटि

डी] कोईत्रुटिनहीं

346] गहराई बार का उपयोग -------------- मापने के लिए किया जाता है

ए] ऊंचाई।

बी] लंबाई

सी] गहराई

डी] इंच

Vernier Bevel
Protractor.png

347] एक साधारण बेवल प्रोट्रैक्टर की सटीकता --‘----------डिग्री होती है।

एक

बी] तीन

सी] दो

डी] चार

348] निवारक रखरखाव ------------- है

ए] इस रखरखाव में संवेदनशील उपकरणों का उपयोग शामिल है

बी] इस रखरखाव में आम तौर पर स्वयं ऑपरेटर द्वारा किया जाता है

ग) मरम्मत कार्य केवल ऑपरेटर द्वारा ही किया जाता है।

डी] अप्रत्याशितटूटनेकोकमकरनेकीयोजनाबनाई

349] नियमित रखरखाव है ---------

ए] अप्रत्याशित टूटने को कम करने के लिए यह नियोजित रखरखाव है

बी] इस प्रकार के रखरखाव में संवेदनशील उपकरण का उपयोग शामिल है

सी] यह मरम्मत का काम है जब मशीन खराब हो जाती है

D] इसप्रकारकारखरखावआमतौरपरस्वयंऑपरेटरद्वाराकियाजाताहै’

350] --------- प्रकार का एक्सटिंगुइशर विशिष्ट आकार के डिस्चार्ज हॉर्न द्वारा आसानी से पहचाना जा सकता है

ए] सूखा पाउडर

बी] कार्बनडाइऑक्साइड

सी] फोरम

डी] हेलोन

351] एचएसएस फोर्जिंग के लिए अधिकतम तापमान ------------- डिग्री है।

ए] 1200

बी] 100

सी] 1100

डी] 1500

352] एनीलिंग का मुख्य उद्देश्य ----------- है।

ए] मशीनेबिलिटीमेंसुधारकरनेकेलिए

बी] चुंबकत्व में सुधार करने के लिए

सी] कठोरता बढ़ाने के लिए

डी] कठोरता बढ़ाने के लिए

353] HSS टूल में कार्बन प्रतिशत होता है ----------

ए] 0.75 से 1.00%

बी] 1.00 से 2.00 00

सी] 0.60 से 0.75%

डी] 0.02 से 0.03%।

354] निम्नलिखित में से कौन-सा एक धातु का लोचदार विरूपण के लिए प्रतिरोध है?

ए] लचीलापन।

बी] ताकत

सी] कठोरता

डी] कठोरता

355]-------- गियर मुख्य स्पिंडल पर फिट किया जाता है

ए] गिलास

बी] धुरी

सी] त्वरित परिवर्तन

डी] फिक्स्ड स्टड

356] टम्बलर गियर यूनिट में ही ....

ए] दो गियर

बी] चार गियर

सी] तीनगियर

डी] पांच गियर

357] एप्रन को बोल्ट किया गया है .-------------- के सामने के छोर तक

गाड़ी

बी] सैडल

सी] टूल पोस्ट

डी] शीर्ष स्लाइड

Lathe Chuck.png

358] स्क्रॉल और गियर तंत्र ----------------------- में कार्यरत है

ए] कोलेट चक

बी] चुंबकीय चक

सी] तीनजबड़ेचक

डी] चार जबड़े चक।

359] ------------------- के लिए लंबे कार्यों का समर्थन करने के लिए प्रयोग किया जाता है। खराद संचालन करना

ए] आधा केंद्र

बी] खरादकेंद्र

सी] बॉल सेंटर

डी] इत्तला दे दी केंद्र

360] थ्री जॉ चक का आकार -------------द्वारा निर्दिष्ट किया जाता है

ए] प्रत्येक जबड़े का आकार

बी] चककेशरीरकाव्यास

सी] शरीर की चौड़ाई चक

डी] प्रत्येक चक की मोटाई

361] एक खराद पर एक अनियमित आकार का वर्कपीस चालू किया जाता है। निम्नलिखित में से किस वर्क होल्डिंग एक्सेसरीज़ का उपयोग किया जाता है?

ए] दो जबड़े चक

बी] तीन जबड़े चक

सी] ड्राइविंग प्लेट

डी] फेसप्लेट

362] ------------ खांचे आमतौर पर वी बेल्ट द्वारा संचालित पुली पर पाए जाते हैं

ए] 'वी' आकारका

बी] स्लॉट आकार।

सी] चौकोर आकार

डी] गोल आकार

363] ------------- पिन टेपर का उपयोग टैपर पिन में किया जाता है।

स्टैन्डर्ड

बी] मीट्रिक

सी] जर्नो

डी] ब्राउन और शार्प।

364] कटर के कटिंग एज पर बिल्ट अप एज बनता है यदि मिलिंग की जाने वाली सामग्री है ----------

ए] कठिन

बी] तन्य

सी] लचीला

डी] नरम

365] आरी मिलिंग करते समय, कट की अधिकतम गहराई। स्लीटिंग आरा मोटाई के ------------ गुना तक सीमित है।

ए] 3 से 4 बार

बी] 2 से 3 बार

सी] 4 से 5 बार

डी] 1 से 2 बार

366] रफ मिलिंग का उद्देश्य है:

ए] उच्च गति पर सामग्री की गंध मात्रा को हटा दें

बी] कमसेकमसमयमेंअतिरिक्तसामग्रीनिकालें

सी] फिनिश ऑपरेशन के लिए उपयुक्त रफ फिनिश प्रदान करें

डी] सतह को खुरदरा खत्म करें

milling machine.png

367] फिनिश मिलिंग का उद्देश्य ....

<u>ए] कामकेटुकड़ेकोआवश्यकआयामऔरसतहखत्मकरनेकेलिएलाओ</u>

बी] काम के टुकड़े को आवश्यक आयाम में लाओ

सी] आवश्यक सतह आयाम पर लाओ

डी] कम सामग्री निकालें।

368] मिलिंग कटर के चिप्स स्पेस के गोल भाग को .... कहा जाता है।

ए] कॉर्नर स्लॉट

<u>बी] पट्टिका</u>

सी] गोल किनारा

डी} त्रिज्या

369] मिलिंग कटर में तीन मुख्य गुण होने चाहिए। निम्नलिखित में से कौन सा सही है?

<u>ए] कठोरता, क्रूरताऔरपहननेकाप्रतिरोध</u>

बी] कठोरता, भंगुरता और पहनने का प्रतिरोध

सी] कठोरता, कोमलता और पहनने का प्रतिरोध

डी] कठोरता, लचीला और पहनने का प्रतिरोध

370} एक मानक ड्रिल के लिए बिंदु कोण -------------डिग्री है।

ए] 135।

बी] 60

सी] 108 '

<u>डी] 118</u>

Surface Gauge.png

371} यूनिवर्सल सरफेस गेज का वह भाग जो किनारे के साथ समानांतर रेखा खींचने में मदद करता है, वह है

ए] रॉकर आर्म

बी] सुखद

सी] ठीक समायोजन

<u>डी] गाइडपिन (iii) पंच -।</u>

Punches.png

372] घूंसे का प्रयोग किसी भी आकार का ---------- बनाने के लिए किया जाता है

<u>ए] छेद</u>

बी] खनन

सी] नूरलिंग

सपना देखना

373] सतह की प्लेटें उनकी लंबाई और चौड़ाई से निर्दिष्ट होती हैं और में होती हैं

अल डेसीमेट्रे

बी] घन मीटर

<u>सी] बेलनाकार</u>

डी] ड्रिलिंग (वी) कोण प्लेट

374] वर्कपीस को एंगल प्लेट के फेस से चिपकाने के लिए ---------------- का उपयोग किया जाता है।

ए] चक

<u>बी] सीक्लैंप</u>

सी] धुरी

डी] वाइस

375] कोण प्लेट पर --------------- के लिए स्लॉट प्रदान किया जाता है

<u>ए] बोल्टकोसमायोजितकरना</u>

बी] कांटों के साथ लटका हुआ

सी] वजन कम करना

डी] काम को संरेखित करना

376] हथौड़े का आकार इसके द्वारा बताया गया है -----------

<u>भार।</u>

बी] लंबाई

सी] आकार

डी] चौड़ाई

Hammers.png

377] एक छोटा रिएमर जिसमें एक आर्बर या मैंड्रेल के साथ प्रयोग किया जाता है, एक अक्षीय छिद्र होता है ---------- कहलाता है

ए] समानांतर रीमर

बी] एडजस्टेबल रीमर

C] एक्सपेंशन रीमर

डी] चकिंगरीमर

Reamers.png

378] निम्नलिखित में से किस मशीन रीमर का उपयोग रीमर एक्सिस और वर्क एक्सिस के बीच मिसलिग्न्मेंट को ठीक करने के लिए किया जाता है?

<u>ए] फ्लोटिंगब्लेडरीमर</u>

बी] मशीन जिग रीमर।

सी] शैल रीमर

डी] चकिंग रीमर

3 79] टैप को पीसकर फिर से तेज किया जाता है -----

<u>ए] हट्स</u>

बी] धागे

सी] व्यास

डी] राहत

380] वी ब्लॉक -------- के ग्रेड में उपलब्ध हैं

ए] 0&1

बी] 1 और 2

सी] ए1 और ए2

<u>डी] मे</u>

V Block.png

381] वी ब्लॉक का उपयोग गोल सलाखों को पकड़ने के लिए किया जाता है। इसमें एक वी ग्रूव होता है जो आमतौर पर ---------- का होता है

ए] 30 डिग्री

सी] 90 डिग्री

डी] 120 डिग्री

.

औद्योगिक प्रशिक्षण संस्थान

मासिक टेस्ट-1 , अंक- 20, दिनांकः- ____________________

(प्रत्येक प्रश्न दो अंक का होता है)

1-06] जापानी में Seiko का अर्थ -------------- होता है

ए] शाइन

बी] क्रमबद्ध करें

सी] मानकीकरण

डी] सस्टेनेबल

2-07] एसएस सिस्टम का लाभ है ------

ए] उत्पादकता में वृद्धि

बी] गुणवत्ता में वृद्धि

सी] समय की बर्बादी में कमी

डी] ये सभी

3-08] सुरक्षा है -----------

ए] किसी का व्यवसाय नहीं

बी] हर बॉडी बिजनेस

सी] कुछ निकायों का व्यवसाय

डी] संगठन व्यवसाय

4-09] सुरक्षा संकेतों की बुनियादी श्रेणियों के लिए उपलब्ध हैं "निषेध" चिह्न का अर्थ ----

ए] दिखाता है कि यह नहीं किया जाना चाहिए

बी] दिखाता है कि क्या किया जाना चाहिए

सी] खतरे या खतरे की चेतावनी देता है

डी] सुरक्षा प्रावधान की जानकारी देता है

5-10] कौन सी वर्कशॉप सेफ्टी है?

ए] दुकान के फर्श को साफ और ग्रीस, तेल या अन्य फिसलन सामग्री से मुक्त रखें

बी] गति बदलने से पहले मशीन बंद करो

सी] फटे या चिपके हुए औजारों का प्रयोग न करें

D] चल रही मशीन को हाथ से रोकने की कोशिश न करें

6-11] पर्सनल प्रोटेक्ट इक्विपमेंट (पीपीई) में हेल्मेट का प्रयोग किया जाता है

ए] सिर की रक्षा करें

बी] आंखों की रक्षा करें

सी] हाथों की रक्षा करें

डी] कानों की रक्षा करें

7-12] निम्नलिखित में से कौन सामान्य सुरक्षा से संबंधित है?

A एक कार्यकर्ता को अच्छे व्यवहार में रखें

बी] काम साफ और स्पष्ट

सी] अपने काम पर ध्यान लगाओ

डी] फर्श और गैंगवे को साफ और साफ रखें

8-13] मशीन की सुरक्षा के लिए निम्नलिखित में से क्या किया जाता है?

ए] मशीन शुरू करने से पहले तेल के स्तर की जांच करें

बी] चीजों को व्यवस्थित तरीके से करें

सी] फर्श और गैंगवे को साफ और साफ रखें

डी] डाई और स्कार्फ का प्रयोग न करें

9-14] पर्सनल प्रोटेक्ट इक्विपमेंट (पीपीई), 'स्लीव्स' का इस्तेमाल ---------- की सुरक्षा के लिए किया जाता है

एक चेहरा

बी] आंखें

सी] कान

डी] हाथ

10-15] एबीसी का मतलब --------------

ए] स्वचालित श्वास नियंत्रण

बी] स्वचालित रक्त नियंत्रण

सी] वायुमार्ग श्वास परिसंचरण

डी] स्वचालित रक्त परिसंचरण

औद्योगिक प्रशिक्षण संस्थान

मासिक टेस्ट -2 , अंक- 20, तिथि:- _______________

(प्रत्येक प्रश्न दो अंक का होता है)

1-20] स्टील रूल एक ---------- है

ए] अंकन उपकरण

सी] जांच उपकरण

बी] प्रेसिजन उपकरण

डी] प्रत्यक्ष माप उपकरण

2-21] निम्नलिखित में से कौन-सा एक प्रत्यक्ष मापक यंत्र है?

ए] स्क्वायर का प्रयास करें

बी] स्टील नियम

सी] सीधे किनारे

3-22] इस्पात नियम की अल्पतमांक है..

ए] 1 मिमी

बी] 0.25 मिमी

सी] 0.5 मिमी

डी] 2 मिमी

4-23] डिवाइडर का आकार ----------- द्वारा निर्दिष्ट किया जाता है

ए] पैरों की कुल लंबाई

बी] पूरी तरह से खुलने पर बिंदुओं के बीच की दूरी

सी] बिना बिंदुओं के पैरों की लंबाई

डी] धुरी और बिंदु के बीच की दूरी

5-24] डेटम किनारे के समानांतर समानांतर रेखाओं को चिह्नित करने के लिए इस्तेमाल किया जाने वाला उपकरण है -

ए] जेनी कैलिपर

बी] डिवाइडर

सी] बाहरी कैलिपर

डी] कैलिपर के अंदर

6-25] निम्नलिखित में से कौन सा एक अप्रत्यक्ष माप उपकरण है?

ए] बाहरी कैलिपर

बी] वर्नियर कैलिपर

सी] स्टील नियम

डी] बाहरी माइक्रोमीटर

7-26] केंद्र का पता लगाने के लिए इस्तेमाल किए जाने वाले पंच का नाम बताइए।

A] प्रिक पंच 30°

B] प्रिक पंच 60°

सी] केंद्र पंच

डी] डॉट पंच

8-27] सेंटर पंच का पॉइंट एंगल -------- होता है

ए] 30 डिग्री

बी] 50 डिग्री

सी] 900

डी] 1200

9-28] ब्लेड की विभिन्न मानक लंबाई में फिट किया जा सकता है।

ए] ठोस फ्रेम

बी] समायोज्य फ्रेम (फ्लैट प्रकार]

सी] फिक्स्ड फ्रेम

डी] कठोर फ्रेम

10-29] पतली काटने के लिए हैकसॉ ब्लेड की सबसे उपयुक्त पिच। खंड ट्यूब is

ए] 0.8 मिमी

बी] 1.0 मिमी

सी] 1.4 मिमी

डी] 1.8 मिमी

औद्योगिक प्रशिक्षण संस्थान

मासिक टेस्ट -3 , अंक- 20, दिनांक:- _______________

(प्रत्येक प्रश्न दो अंक का होता है)

1-36] यदि सामग्री को सटीक आकार और बेहतर फिनिश के लिए फ़ाइल का उपयोग किया जाता है तो किस प्रकार का?

ए] रफ फाइल

बी] कमीने फ़ाइल

सी] चिकना फ़ाइल

डी] डेड स्मूथ फाइल

2-37] 60° से अधिक कोण वाले कोनों और उपवनों को भरने के लिए -------- है

ए] गोल फ़ाइल

बी] स्क्वायर फ़ाइल

सी] त्रिकोणीय फ़ाइल

डी] चाकू की धार फ़ाइल

3-38] छेनी के अनुसार निर्दिष्ट हैं ~-

ए] लंबाई

बी] छेनी की चौड़ाई

सी] शरीर के क्रॉस सेक्शन का प्रकार

डी] ये सभी

4-39] आम तौर पर वाइस के हैंडल की लंबाई ---------- होती है

ए] वाइस के सामान्य आकार का 1.5 गुना

बी] वाइस के सामान्य आकार का 2.5 गुना

सी] वाइस के सामान्य आकार का 3.5 गुना

डी] वाइस के सामान्य आकार का 4.5 गुना

5-40] बेंच वाइस स्पिंडल .... का बना होता है।

ए] माइल्ड स्टील

बी] कच्चा लोहा

सी] टूल स्टील

डी] कांस्य

6-41] M10 x 15 के लिए टैपिंग ड्रिल का आकार -------- है

ए] 8.2

बी] 8.3

सी] 8.4

डी] 8.5

7-42] M10XI.S के स्क्रू के लिए एक नट बनाना है। ड्रिल किए गए छेद का आकार क्या होना चाहिए?

ए] 8-5 मिमी

बी] 9.0 मिमी

सी] 9.5 मिमी

डी] 10.0 मिमी

8-43] टैप को पीसकर फिर से तेज किया जाता है ....

ए] बांसुरी

बी] धागे

सी] व्यास

डी] राहत

9-44] एमएस टैप की चौड़ाई को टेप करने के लिए किस आकार की ड्रिल का उपयोग किया जाता है?

ए] 4.5 मिमी

बी] 4.0 मिमी

सी] 0.38 मिमी

डी] 0.35 मिमी

10-45] निम्नलिखित में से किसका उपयोग हाथ से धागे के रूप को संचालित करने के लिए किया जाता है?

नल

बी] थ्रेडिंग टूल

सी] थ्रेडिंग चेज़र

डी] इत्तला दे दी उपकरण

औद्योगिक प्रशिक्षण संस्थान

मासिक टेस्ट -4 , अंक- 20, दिनांक:- ______________

(प्रत्येक प्रश्न दो अंक का होता है)

1-51] स्नेहक .... के लिए आवश्यक है

ए] कम से कम भार लेते हुए मशीन को सुचारू रूप से चलाएं

बी] मशीन को जल्दी से चलाएं

सी] मशीन को तुरंत बंद करो

डी] अधिक सटीकता के काम के टुकड़े का उत्पादन करें

2-55] ट्विस्ट ड्रिल में बांसुरी की संख्या होती है --------

ए] 1

बी] 2

सी] 3

डी] 4

3-56] निम्नलिखित में से कौन सी ड्रिलिंग मशीन का उपयोग ड्रिलिंग छेद के लिए किया जाता है जहां बिजली उपलब्ध नहीं होती है?

ए] बेंच ड्रिलिंग मशीन

बी] स्तंभ ड्रिलिंग मशीन

सी] रीडायल ड्रिलिंग मशीन

डी] शाफ़्ट ड्रिलिंग मशीन

4-57] निम्नलिखित में से किस ड्रिलिंग मशीन का उपयोग भारी काम के लिए किया जाता है?

ए] बेंच ड्रिलिंग मशीन

बी] स्तंभ ड्रिलिंग मशीन

सी] रेडियल ड्रिलिंग मशीन

डी] इलेक्ट्रिक हैंड ड्रिलिंग मशीन

5-58] ड्रिल चक को मशीन स्पिंडल पर ------ के माध्यम से रखा जाता है

ए] आर्बर

बी] बहाव

सी] ड्रा-इन बार

डी] चक अखरोट

6-59] एक संवेदनशील बेंच ड्रिलिंग मशीन में विभिन्न गतियां प्राप्त की जाती हैं ----

ए] बेल्ट चरखी तंत्र

बी] हाइड्रोलिक तंत्र

सी] रैक और पिनियन तंत्र

डी] कैम और अनुयायी तंत्र

7-60] आवश्यक गुण प्राप्त करने के लिए स्टील की संरचना को बदलने के लिए हीटिंग और कूलिंग की प्रक्रिया को कहा जाता है

ए] हार्डनिंग

बी] सामान्यीकरण

सी] गर्मी उपचार

डी] तड़के

8-61] एनीलिंग का मुख्य उद्देश्य है

ए] कठोरता बढ़ाएं

बी] कठोरता बढ़ाएँ

सी] मशीनेबिलिटी में सुधार

डी] विरूपण में सुधार

9-62] स्टील को सामान्य बनाने का उद्देश्य है --------

ए] प्रेरित तनाव को दूर करें

बी] जीन में सुधार और भंगुरता को कम करें

सी] धातु को नरम करें

डी] सतह बढ़ाएँ?

10-63] बाहरी 5" एनीलिंग . को सख्त करने के लिए निम्नलिखित में से किस प्रक्रिया का उपयोग किया जाता है?

ए] हार्डनिंग

बी] तड़के

सी] केस हार्डनिंग

डी] आंसू सतह

औद्योगिक प्रशिक्षण संस्थान

मासिक टेस्ट-5 , अंक- 20, दिनांक:- ________________

(प्रत्येक प्रश्न दो अंक का होता है)

1-66] संरचना को बदलने की प्रक्रिया और इस प्रकार हीटिंग और 'कूलिंग' द्वारा गुणों को बदलने के रूप में जाना जाता है -

ए] हीट ट्रीटमेंट

बी] मिश्र धातु

सी] तड़के

डी] इनमें से कोई नहीं

2-67] अनाज की संरचना को परिष्कृत करने के लिए निम्नलिखित में से कौन सी ऊष्मा उपचार प्रक्रिया को अपनाया जाता है।

ए] एनीलिंग

बी] हार्डनिंग

सी] तड़के

डी] सामान्यीकरण

3-68] एनीलिंग लोहे और स्टील पर की जाती है ---------

ए] आंतरिक तनाव को दूर करने के लिए

बी] कठोरता को कम करने के लिए

सी] मशीनेबिलिटी में सुधार करने के लिए

डी] ये सभी

4-69] निम्नलिखित में से कौन-सा एक ऊष्मा उपचार के चरणों में नहीं आता है?

ए] ताप

बी] सफाई

सी] शमन

डी] भिगोना

5-70] गन मेटल तांबे की मिश्रधातु है, ------------

ए] टिन और जस्ता

बी] सीसा और जस्ता

सी] जिंक और निकल

डी] सीसा और निकल

6-71] ढलवां लोहे का उपयोग मशीन बेड बनाने के लिए किया जाता है क्योंकि -------

ए] यह अधिक संपीड़न तनाव का विरोध कर सकता है

बी] यह वजन में भारी है

C] यह सस्ती धातु है

D] यह एक भंगुर धातु है

7-75] निम्न में से कौन सा ऑपरेशन सेंटर लेथ पर नहीं किया जा सकता है? .

ए] टर्निंग

बी] धागा काटना

सी] गियर काटना

डी] टेपर टर्निंग

8-76] खराद के टम्बलर गियर यूनिट में गियर की संख्या होती है ----

ए] 2

बी] 3

सी] 4

डी] 5

9-77] खराद में फीड रॉड का कार्य है ----

ए] रोटरी गति को उपकरण की रैखिक गति में बदलने के लिए

बी] रोटरी गति को उपकरण के परिपत्र गति में परिवर्तित करने के लिए

सी] रोटरी गति को पूंछ स्टॉक के परिपत्र गति में परिवर्तित करने के लिए

डी] इनमें से कोई नहीं

10-78] खराद को चालू करने वाले टेपर का उपयोग होता है ----

ए] इकट्ठे भागों में ड्राइव संचारित करने में सहायता

बी] विधानसभा और भागों के जुदा करने के लिए प्रयुक्त

सी] इकट्ठे भागों में आत्म संरेखण दें

डी] ये सभी

औद्योगिक प्रशिक्षण संस्थान

मासिक टेस्ट -6 , अंक- 20, तिथि:- ______________

(प्रत्येक प्रश्न दो अंक का होता है)

1-81] निम्नलिखित में से किसका उपयोग मशीनिंग व्यास के लिए वर्कपीस को उसके छेद/बोर पर केंद्रित रखने के लिए किया जाता है?

ए] फेसप्लेट

बी] मैंड्रेल

सी] तीन जबड़े चक

डी] चार-जबड़े चक

2-82] निम्न में से किसका उपयोग नियमित वर्कपीस को होल्ड करने के लिए किया जाता है

ए] फेसप्लेट

बी] मैंड्रेल

c] थ्री-जॉ चक

डी] चार जबड़े चक।

3-83] चार जॉ चक के पिछले हिस्से में धागे के प्रकार...----- होते हैं।

एक वर्ग

3] समलम्बाकार

सी] वी-आकार

डी] इनमें से कोई नहीं

4-84] रेक कोण का उद्देश्य -------- है

ए] टूल के फ्लैंक को वर्कपीस से रगड़ने से रोकें

बी] चिप्स को दूर गाइड करें

सी] एक अच्छा सतह खत्म प्राप्त करें W

डी] उपकरण के जीवन को बढ़ाएं

5-85] आकृति में "X" अंकित कोण एक ______ a . है

ए] कटिंग एंगल '

बी] पच्चर कोण

सी] सामने निकासी कोण

डी] रेक कोण

6-86] खराद के थ्रेडिंग टूल को 60° के कोण पर सटीकता के लिए जांचने के लिए किस गेज का उपयोग किया जाता है?

ए] पेंच पिच गेज

बी] थ्रेड प्लग गेज

सी] केंद्र गेज

डी] थ्रेड रिंग गेज

7-87] एक छेद जो घटक की पूरी गहराई के माध्यम से नहीं बनाया जाता है उसे -------- के रूप में जाना जाता है

ए] कोर होल

बी] अंधा छेद

सी] पिन होल

डी] बोर होल

8-89] खराद पर ड्रिलिंग करते समय, ड्रिल ------ में आयोजित की जाती है

ए] हेडस्टॉक

बी] टेलस्टॉक

सी] यौगिक आराम

डी] बेड

स्क्रू के हेड को समायोजित करने के लिए मौजूदा छेद के सिरे को बड़ा करने की प्रक्रिया को ----------- कहा जाता है

बोरिंग है

बी] स्पॉट फेसिंग

सी] काउंटर-बोरिंग

डी] काउंटर सिंकिंग

10-91] tmix-31 को सेल्फ होल्डिंग और क्विक रिलीजिंग टेपर के रूप में वर्गीकृत किया गया है। सेल्फ होल्डिंग टेंपर एंगल है

ए] 3 डिग्री

बी] 4 डिग्री

ग] 5°

डी] 6 डिग्री

औद्योगिक प्रशिक्षण संस्थान

मासिक टेस्ट-7 , अंक- 20, दिनांकः- ___________________

(प्रत्येक प्रश्न दो अंक का होता है)

1-96] मोर्स टेपर का प्रयोग निम्न में से किस मशीन के पुर्जों में किया जाता है -...

ए] खराद की धुरी

बी] ड्रिल मशीन की धुरी

सी] रीमर के शैंक्स

डी] ये सभी

2-97] टेपर के बड़े पैमाने पर उत्पादन के लिए निम्नलिखित में से किस विधि का उपयोग किया जाता है ....

ए] टेलस्टॉक ऑफसेट विधि

बी] टेपर टर्निंग अटैचमेंट मेथड

C] फॉर्म टू मेथड

डी] कंपाउंड स्लाइड विधि

3-98] तने का प्रमुख व्यास 40 मिमी, लघु व्यास 30 मिमी है। कार्य की कुल लंबाई 100 मिमी है जिसे पतला किया जाता है और फिर ऑफसेट दिया जाता है

ए] 5 मिमी

बी] 7.5 मिमी

सी] 12 मिमी

डी] 9 मिमी

4-99] 50 मीट्रिक मोटे धागे को M12 x 125 के रूप में नामित किया गया है '12' क्या दर्शाता है?

ए] प्रमुख व्यास

बी] रूट व्यास

सी] पिच व्यास

डी] खाली व्यास

5-100] 3 अक्षांश 'मिमी पिच 120 . पर 3 मिमी पिच काटने के लिए आवश्यक परिवर्तन गियर खोजें

ए] चालक / प्रेरित = .455/120

बी] चालक / प्रेरित = 60/120

सी] चालक / प्रेरित = 80/120

डी] चालक / चालित 2 40/80 of 5 मिमी

6-101] एक खराद havmg लीड स्क्रू पिच पर 1 5 मिमी पिच काटने के लिए आवश्यक गियर की गणना करें

ए] चालक / प्रेरित -_20/100

बी] चालक / प्रेरित = 30/100

सी] चालक / प्रेरित = 40/120

डी] चालक / प्रेरित = 60/120

7-104] आसन्न धागे के दोनों किनारों को जोड़ने वाली शीर्ष सतह को कहा जाता है

ए] क्रेस्ट

बी] रूट

सी] फ्लैंक

D] थ्रेड एंगल है

8-105] आईएसओ मेट्रिक थ्रेड का सम्मिलित कोण है --------

ए] 27 1/2°

बी] 30 डिग्री

सी] 55 डिग्री

डी] 60 डिग्री

9-106] निम्नलिखित में से किस स्क्रू थ्रेड फॉर्म में धागों के किनारों के बीच 55° का सम्मिलित कोण होता है?

ए] बीए थ्रेड

बी] एक्मे धागा

सी] बट्रेस धागे

डी] अंगुली धागा

10-107] निम्नलिखित में से किसका उपयोग केवल धागे के सही रूप को खत्म करने और बनाए रखने के लिए किया जाता है?

नल

बी] थ्रेडिंग टूल

सी] थ्रेडिंग चेज़र

डी] इत्तला दे दी उपकरण

औद्योगिक प्रशिक्षण संस्थान

मासिक टेस्ट -8 , अंक- 20, तिथि:- ______________

(प्रत्येक प्रश्न दो अंक का होता है)

1-111] दो प्रारंभ धागे की पिच 4 मिमी है। फिर धागे का नेतृत्व ----- द्वारा दिया जाता है

ए] 4 मिमी

बी] 2 मिमी

सी] 8 मिमी

डी] 6 मिमी

2-112]

सिंगल पॉइंट कटिंग टूल का उपयोग करके लेड स्क्रू पिच वाले खराद पर 2.5 मिमी के स्क्रू थ्रेड को काटने के लिए आवश्यक गियर अनुपात है ----

ए] 1:2

बी] 2:1

सी] 1:1 मिमी

3-113] पीसना एक ---------- है

ए] सिंगल पॉइंट कटिंग टूल

बी] मल्टी पॉइंट कटिंग टूल

सी] फॉर्म टूल

डी] मल्टी पॉइंट हैंड टूल

4-114] सतह पीसने से उत्पन्न सतह ---------- होती है

ए] भरने से ज्यादा किफायती

बी] कम किफायती और अधिक सटीक

सी] भरने से कम किफायती

डी] अधिक किफायती और अधिक सटीक

5-115] पीसना मूल रूप से एक ---------- है

ए] टर्निंग प्रक्रिया

बी] योजना प्रक्रिया

सी] आकार देने की प्रक्रिया
डी] मशीनिंग प्रक्रिया
6-116] लेखक ---------- से बने होते हैं
ए] माइल्ड स्टील
बी] पीतल
सी] कच्चा लोहा
डी] उच्च कार्बन स्टील
7-117] स्क्राइबर का पॉइंट एंगल ----------- होता है
ए] 30 डिग्री
बी] 60 डिग्री
सी] 5° से 10°
डी] 12° से 15°
8-118] मार्किंग के दौरान रेफरेंस सरफेस आईडी ----- द्वारा प्रदान किया जाता है
ए] नौकरी का स्केच
बी] वर्क पीस
सी] टेबल सतहों को चिह्नित करना
डी] भूतल गेज
9-119] एक सार्वभौमिक सतह गेज का कौन सा हिस्सा
ए] ठीक समायोजन पेंच
बी] गाइड पिन
सी] बेस
डी] आर के ओसी एर आर्म
10-120] ड्रेसर द्वारा ग्राइंडिंग व्हील को आकार देने का ऑपरेशन?
ए] ड्रेसिंग
बी] ट्रूइंग
सी] क्लॉगिंग
डी] ग्लेज़िंग

औद्योगिक प्रशिक्षण संस्थान

मासिक टेस्ट-9 , अंक- 20, दिनांक:- ____________________

(प्रत्येक प्रश्न दो अंक का होता है)

1-126] माइक्रोमीटर में शाफ़्ट स्टॉप ------------ में मदद करता है
ए] दबाव को नियंत्रित करें
बी] स्पिंडल को लॉक करें
सी] शून्य त्रुटि समायोजित करें

डी] काम के टुकड़े को पकड़ो

2-127] 1000 माइक्रोन का मतलब -------------

ए] 1 मिमी

बी] 1 एम

सी] 1000 मिमी

डी] 10 सेमी

3-128] माइक्रोमीटर के बाहर 50-75 मिमी की शून्य रीडिंग क्या है?

ए] 0.000 मिमी

बी] 0.01 मिमी

सी] 25.00 मिमी

डी] 50.00 मिमी

4-129] माइक्रोमीटर के बाहर एक मीट्रिक की आस्तीन पर सबसे छोटे विभाजन का मान है -----

ए] 0.50 मिमी

बी] 1.00 मिमी

सी] 1.50 मिमी

डी] 2.00 मिमी

5-130] माइक्रोमीटर में शाफ़्ट स्टॉप --------- में मदद करता है

ए] दबाव को नियंत्रित करें

बी] स्पिंडल को लॉक करें

सी] शून्य त्रुटि समायोजित करें

डी] काम के टुकड़े को पकड़ो

6-131] वर्नियर कैलिपर की सबसे छोटी संख्या है (मुख्य पैमाना = 49 डिवीजन, वर्नियर स्केल = 50 डिवीजन]

ए] 0.1 मिमी

बी] 0.01 मिमी

सी] 0.001 मिमी

डी] 0.02 मिमी

7-132] वर्नियर कैलिपर का उपयोग करके किए गए माप का प्रकार है------

ए] प्रत्यक्ष माप

बी] अप्रत्यक्ष माप

सी] 90"] (ए) 81 (बी]

डी] इनमें से कोई नहीं

8-133] अंजीर में दिखाए गए उपकरणों के नाम बताइए।

ए] प्लंजर टाइप डायल टेस्ट इंडिकेटर

बी] लीवर प्रकार डायल टेस्ट इंडिकेटर

सी] स्वचालित प्रकार डायल परीक्षण संकेतक

डी] सेमी ऑटोमैटिक टाइप डायल टेस्ट इंडिकेटर

9-134] डायल इंडिकेटर के अंतिम निचले हिस्से का नाम बताएं।

तना

बी] आँवला

सी] प्लंजर

डी] सूचक

10-135] वी-ब्लॉक और डायल इंडिकेटर विधि का उपयोग को मापने के लिए किया जाता है

ए] वर्कपीस ग्राउंड की लंबाई

बी] वर्कपीस की सतह की गोलाई

सी] सतह की समतलता

डी] धागे की पिच

औद्योगिक प्रशिक्षण संस्थान

मासिक टेस्ट -10 , अंक- 20, तिथि:- _______________

(प्रत्येक प्रश्न दो अंक का होता है)

1-141] मिलिंग

कटर को तेज करने के लिए टूल और कटर ग्राइंडर पर किस प्रकार के ग्राइंडिंग व्हील का उपयोग किया जाता है?

ए] सीधे कप व्हील

बी] जगमगाता हुआ कप पहिया

सी] डिश व्हील

डी] तश्तरी पहिया

2-143] लेप पीसने की विधि पर निर्भर करता है ऑपरेशन किस प्रकार का पीस व्हील अंजीर में दिखाया गया लेप का उत्पादन करेगा।

ए] पारस्परिक कार्य के साथ सीधा पहिया

बी] कप व्हील पारस्परिक कार्य के साथ

सी] ऊर्ध्वाधर धुरी पर खंडीय पहिया

डी] घूर्णन कार्य के साथ कप या खंडीय पहिया

3-144] रिकेस्ड ऑन दोनों साइड टाइप ग्राइंडिंग व्हील का उपयोग ---------- के लिए किया जाता है

ए] ब्रेकिंग बदलें

बी] सपाट सतह पीसें

सी] निकला हुआ किनारा के लिए निकासी प्रदान करें

डी] दोनों निकला हुआ किनारा के लिए निकासी प्रदान करें

4-145] ग्राइंडिंग व्हील को मानक चिह्नों के अलावा निर्दिष्ट करते समय, निम्नलिखित में से किसका उल्लेख किया गया है -----

ए] व्यास 0f पहिया

बी] पहिया की मोटाई

सी] पहिया का आकार

डी] ये सभी

5-146] ग्लेज्ड या लोडेड व्हील सिंग का प्रभाव ---------- होता है

ए] कम गर्मी उत्पादन

बी] अच्छी सतह खत्म

सी] कम काटने का दबाव

डी] पहिया चेहरे और काम की सतह के बीच अत्यधिक काटने का दबाव

6-147] पीसने की क्रिया में, जमीन के धातु के कण अपघर्षक कणों के बीच फंस जाते हैं इसे कहते हैं

ए] ड्रेसिंग

बी] ट्रूइंग

सी] ग्लेज़िंग

डी] लोड हो रहा है

7-148] जैसे कि पीसने के दौरान नरम सामग्री के कण बंद हो जाते हैं। इसे ~- के रूप में जाना जाता है

ए] लोड हो रहा है

बी] ग्लेज़िंग

सी] ट्रूइंग

डी] ड्रेसिंग

8-149] पीसते समय नरम पदार्थ के कण ग्राइंडिंग व्हील में बंद हो जाते हैं। यह कहा जाता है -

ए] लोड हो रहा है

बी] ग्लेज़िंग

सी] ट्रूइंग

डी] ड्रेसिंग

9-150] ग्राइंडिंग ऑपरेशन के दौरान, ग्राइंडिंग व्हील की सतह चिकनी और चमकदार दिखाई देती है। इस रूप को कहा जाता है

ए] ड्रेसिंग

बी] ट्रूइंग

सी] ग्लेज़िंग

डी] लोड हो रहा है

10-151] ग्राइंडिंग ऑपरेशन के दौरान, ग्राइंडिंग व्हील की सतह एक चिकनी और चमकदार सतह विकसित करती है जिसे ------ कहा जाता है

ए] मास"

बी] विंग

सी] ग्लेज़िंग

डी] लोड हो रहा है

औद्योगिक प्रशिक्षण संस्थान

मासिक टेस्ट-11 , अंक- 20, दिनांक:- ____________________

(प्रत्येक प्रश्न दो अंक का होता है)

1-156] सिलिकॉन कार्बाइड के पहियों को पीसने के लिए उपयोग किया जाता है

ए] उच्च तन्यता ताकत सामग्री

बी] कम तन्यता ताकत, कठोर और भंगुर मातृशक्ति

सी] कठोर स्टील

डी] कोल्ड रोल्ड स्टील

2-157] आपको कांच को पीसने के लिए उपयुक्त अपघर्षक के साथ पीसने वाले पहिये का चयन करना होगा, आप किस प्रकार

के अपघर्षक का चयन करेंगे? --------

एक हीरा

बी] एमरी

सी] क्वार्ट्ज

डी] सिलिकॉन कार्बाइड

3-158] निम्नलिखित में से कौन एक कृत्रिम अपघर्षक है?

ए] सिलिकॉन कार्बाइड

बी] एमरी

सी] हीरा

डी] कोरन्डम

4-159] कार्बाइड टिप्ड टूल को पीसने के लिए किस प्रकार के अपघर्षक का उपयोग किया जाता है?

ए] एल्यूमिनियम ऑक्साइड

बी] सिलिकॉन कार्बाइड

सी] क्यूबिक बोरॉन नाइट्रेट

डी] हीरा

5-160] 'सी' के साथ चिह्नित एक पीसने वाला पहिया घर्षण के साथ बनाया जाता है ------

ए] एल्यूमिनियम ऑक्साइड

बी] सिलिकॉन कार्बाइड

सी] हीरा

डी] कोरन्डम

6-161] कार्बाइड पीसने के लिए किस प्रकार के अपघर्षक का उपयोग किया जाता है?

ए] कोरन्डम

बी] टंगस्टन कार्बाइड

सी] सिलिकॉन कार्बाइड

डी] एल्यूमिनियम ऑक्साइड

7-162] निम्नलिखित में से कौन एक प्राकृतिक अपघर्षक नहीं है?

ए] सिलिकॉन कार्बाइड

बी] हीरा

सी] एमरी

डी] कोरन्डम

8-163] भारतीय मानक के अनुसार, अनाज का आकार '46' समूह के अंतर्गत आता है --------«

एक पाठ्यक्रम

बी] मध्यम

सी] ठीक

डी] बहुत बढ़िया

9-165] एक ग्राइंडिंग व्हील को 50 A5066V7 के रूप में चिह्नित किया गया है। इसमें 50 इंगित करता है ----

ए] घर्षण धैर्य का प्रकार

सी] ग्रेड

बी] अनाज का आकार

डी] संरचना

10-166] ग्राइंडिंग व्हील के चयन के लिए निम्नलिखित में से किस कारक पर विचार नहीं किया जाता है?

ए] जमीन की सामग्री और इसकी कठोरता

बी] स्टॉक हटाने और सतह खत्म

सी] पीसने की प्रक्रिया चाहे गीली हो या सूखी

डी] पूर्व क्रांति फ़ीड

औद्योगिक प्रशिक्षण संस्थान

मासिक टेस्ट-12 , अंक- 20, दिनांक:- ________________

(प्रत्येक प्रश्न दो अंक का होता है)

1-171] कट ऑफ व्हील में किस प्रकार के बांड का उपयोग किया जाता है?

ए] सत्यापित बांड

बी] सिलिकेट बंधन

सी] शैलैक बंधन

डी] रबर बांड

2-172] ग्राइंडिंग व्हील्स पर निम्नलिखित में से कौन सा बॉन्ड सबसे अधिक इस्तेमाल किया जाता है?

ए] विट्रिफाइड

बी] रबड़

सी] शैलैक

डी] सिलिकेट

3-173] पारंपरिक रूप से रेजिनॉइड बॉन्ड के लिए इस्तेमाल किया जाने वाला प्रतीक -------- है

ए] वी।

बी] आर

सी] बी

डे

4-174] पारंपरिक रूप से रेजिनोइड बॉन्ड के लिए इस्तेमाल किया जाने वाला प्रतीक है ----

ए] वी

बी] आर

सी] बी

डे

5-175] निम्न में से कौन सा विट्रिफाइड बॉन्ड की विशेषता नहीं है

ए] उच्च छिद्र और ताकत फिर से

बी] कमरे के तापमान पर तेल, एसिड और पानी के खिलाफ प्रतिक्रिया का विरोध करने की क्षमता

सी] तेजी से काटने की क्रिया

डी] स्टॉक हटाने की उच्च दर

6-176] 90 सेमी से अधिक आकार के पहियों को पीसने के लिए, निम्नलिखित में से कौन सी मोल्डिंग

प्रक्रिया या बॉन्ड को प्राथमिकता दी जाती है?

ए] विट्रिफाइड

बी] सिलिकेट प्रक्रिया

सी] शैलैक प्रक्रिया

डी] रबड़ प्रक्रिया

7-177] आदर्श ग्राइंडिंग खराब हो जाएगी --------

ए] जैसे-जैसे अपघर्षक कण सुस्त हो जाते हैं

बी] एक पूर्व निर्धारित दर पर

सी] धीरे-धीरे पैसे बचाने के लिए

डी] बेहतर फिनिश देने के लिए फास्ट

8-178] पीसने वाले पहिये में, अनाज को स्थिति में रखने वाले बंधन की ताकत को कहा जाता है

प्रथम श्रेणी

बी] अनाज

सी] बॉन्ड

डी] संरचना

9-179] निम्नलिखित में से कौन पहियों के मध्यम ग्रेड का प्रतिनिधित्व करेगा?

ए] टीटीओजेड

बी] एटोजी

सी] LtoO

डी]पीटीओएस

10-180] ग्राइंडिंग व्हील में अपघर्षक दानों के बीच मौजूद बंधन की मात्रा कहलाती है

प्रथम श्रेणी

बी] अनाज

सी] बॉन्ड

डी] संरचना

www.ingramcontent.com/pod-product-compliance
Ingram Content Group UK Ltd.
Pitfield, Milton Keynes, MK11 3LW, UK
UKHW021916190726
13853UKWH00002B/703